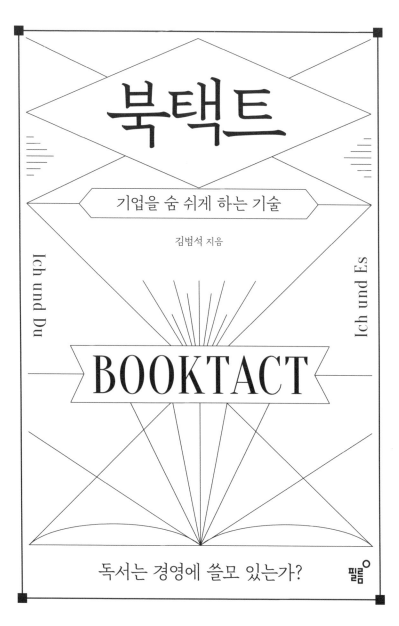

북택트

기업을 숨 쉬게 하는 기술

김범석 지음

Ich und Du

Ich und Es

BOOKTACT

독서는 경영에 쓸모 있는가?

필름

기술 변화에 따른 뉴미디어의 등장과 개인화로 인해 지식의 생산과 습
득에 있어서도 수요자의 수용 용이성을 고려한 다양한 방법들이 제시
되고 있다. 그러나 계속적으로 늘어나는 방대한 지식 습득과 새로운
접근 방식들이 급격하게 등장하는 오늘날, 생각을 정제하기 위해서는
여전히 독서에 기반한 토론이 가장 효과적인 방법으로 활용되고 있다.
이 책은 조직의 학습 풍토를 만들고자 하는 인사 담당자 및 부서장, 그
리고 조직 내부의 독서 경영 퍼실리테이터들에게 좋은 길잡이가 되어
줄 것이다. 아울러 상대적으로 독서경영과 관련된 서적이 그리 많지 않
은 상황에서 독서를 통해 조직을 살아 숨 쉬게 할 수 있다는 큰 목표를
가지고 책을 펴낸 김범석 대표에게 아낌없는 응원의 박수를 보낸다.

_ 이정재 현대경제연구원 실장

2014년 이후 '독서경영 우수 직장 인증'에 동참하는 기관이 점점 늘어
나면서 양적 성장을 이뤄냈다고 할 수 있다. 뿐만 아니라 기관들의 활
동 실적을 보면 자율적으로 구성원들을 동참시키기 위한 노력을 다양
하게 시도하는 등 질적 성장을 꾀하고 있는 상황이다.
김범석 대표는 기업 현장에서 HRM 업무뿐 아니라 조직 내 소통 전문가로

활동을 해 왔다. 그래서인지 이론적인 설명보다는 실제적으로 구현이 가능한 고민거리를 많이 던져 주고 있다. 독서경영 운영에 현실적인 조언을 구하고자 하는 사람이라면, 언제든 서재에 꽂아 두고 일독해보길 권한다.

_ 김윤강 국가브랜드진흥원 사무국장

'독서경영 우수 직장 인증' 기업의 사례를 보면 독서경영이 몇 년 사이 괄목할 만한 성장을 이루어냈다. 책을 읽고 지식을 얻는 데서 끝나지 않고, 얻은 지식을 재구성하여 현장에서 활용하는 집단지성의 포괄적인 발전이 일어난 것으로 보인다. 반면 독서경영을 통해 어떠한 성과를 이끌어 내기보다는 아직까지 독서 활동 자체에 집중되어 있는 기업들이 많다는 아쉬움이 있다.

이 책의 저자인 김범석 대표는 실제 조직소통 전문가로서 경영 트렌드를 분석하여 독서를 융합한 경영 전략의 수단으로 독서가 경영에 어떻게 기여할 수 있는지 연구하고 실행해 온 사람이다. 그런 면에서 이 책은 독서의 변화를 원하는 사람들뿐만 아니라, 조직 내에서 문화를 만들어 나갈 주체가 되는 리더들이 눈여겨봐야 할 가치 있는 책이다.

_ 반영환 교보문고 차장

독서는 경영에 쓸모가 있는가?

 문화체육관광부는 2013년 11월 '독서문화진흥기본계획'(2014~2018)을 발표하며, 책 읽는 사회를 만들고자 추진 전략과 과제를 발표했습니다. 이에 따라 독서경영 우수 직장 인증제가 추진되었지요. 2014년부터 독서 환경이 우수한 직장에는 문화체육관광부 명의의 인증 현판을 수여하고, 직장 내 독서 환경을 적극적으로 장려하며, 지속적으로 독서경영을 유도하고 있습니다.

 그런데 여러분은 '독서경영'이라는 단어를 들으면 어떤 이미지가 떠오르나요? 이에 대해 일반적으로 어떤 인식을 갖고 있는지 궁금하여 제가 SNS에 '독서경영'이라고 검색을 해 보

비전	책으로 여는 행복한 대한민국

목표	국민 독서문화 확산 - 책 읽는 사회 만들기 -

추진 전략	중점 추진 과제
사회적 독서 진흥 기반 조성	① 독서 진흥 협력 체계 구축 ② 지역 독서 공동체 조성 ③ 학교 독서 환경 개선 ④ 책 읽는 직장 만들기 ⑤ 우수 독서 자료 지원 ⑥ 디지털 독서문화 확산 ⑦ 독서문화 기반 확충
생활 속 독서문화 정착	① 생애주기별 독서 활동 지원 ② 다양한 독서 동아리 활성화 ③ 맞춤형 독서교육 및 독서프로그램 보급 ④ 독서정보 시스템 구축
책 읽는 즐거움 확산	① 국민참여형 독서 운동 전개 ② 다양한 매체를 통한 국민 독서 참여 확산 ③ 지역 풀뿌리 독서문화 확산 ④ 독서를 통한 인문 정신문화 확산
함께하는 독서복지 구현	① 독서장애인 독서 서비스 확대 ② 소외계층 독서 활동 지원 강화 ③ 병영, 교정시설 독서 활동 지원 ④ 다문화 가정의 독서 접근성 제고

았습니다. 그 결과는 아마 예상하셨던 것에서 크게 벗어나지 않을 거라 생각합니다.

맞습니다. 책 사진을 감성적으로 촬영하여 책 내용을 소개하는 글, 책을 읽고 있는 직장인의 모습, 여러 명의 사람이 모여 토론하는 모습, 책 내용을 잘 정리하는 강의 등이 전부입니다.

그러다 보니 독서경영에 관심 있는 조직에 가서 이야기를 나누어 봐도 '독서경영'에 대해 대부분 직원들에게 책을 읽히고 학습 관리하는 시스템(LMS, Learning Management System) 정도로 생각하는 경우가 많습니다.

이는 독서경영의 의미를 지식경영과 연관 지어 이해하기 때문에 보이는 현상일 겁니다. 지식과 정보를 지식 관리 시스템을 통해 공유한다는 점, 그런 시스템을 기반으로 새로운 지식을 창출하고 성과가 되도록 활용한다는 점에서 분명 유사점이 있습니다. 그러나 분명하게 다른 점은 핵심 활동이 지식경영은 지식을 공유하는 것이고, 독서경영은 그 활용에 있다는 것입니다. 왜냐하면 독서경영은 '독서'라는 구체적인 행위를 전제로 하기 때문에 이미 정제된 지식 데이터를 공유하고 축적하는 행위를 반복하기보다는, 전략에 맞는 활용을 고민하는 것이 더 효율적이기 때문이지요.

그런데 여전히 독서경영을 받아들이는 기업에서는 지식경영의 틀에서 벗어나지 못하거나 방법론적 고민을 해결하지 못하고 있습니다. 그러다 보니 독서경영이 그 기업의 문화와 어울리지 못하게 되고, 결국은 '독서'라는 수단에 갇혀 버린 채 다음과 같은 물음에 부딪힙니다.

'독서는 경영에 쓸모가 있는가?'

짐작하셨겠지만 독서라는 수단만으로는 경영에 쓸모가 없습니다.

그 이유는 앞으로의 사회에서 매체는 문자가 아닐 가능성이 크기 때문입니다. 덴마크 출신의 미래학자 롤프 옌센(Rolf Jensen)은 그의 저서 『드림 소사이어티』에서 다음과 같이 서술하고 있습니다.

1950년대에 등장한 TV는 구텐베르크 이후 처음으로 문자 우위의 상황에 도전했다. TV는 최초의 범세계적인 매체였다. (중략) 우리는 50년 전에 비해 문자보다 상대적으로 많은 양의 이미지를 본다. 혁명적 이론에 따르면, 우리는 이미지가 다시 정보 저장의 가장 중요한 매체가 되는 상황에 다가가고 있으며, 문자는 그 기반을 잃게 될 것이다. (중략) 이제 앞으로 우리의 '구텐베르크 시대'는 끝나고 이미지가 드림 소사이어티의 주요 매체가 될 가능성이 상당히 높다.

엔센의 예측이 아니더라도 길고 상세한 안내 글을 압축적이고 간결한 이미지와 영상이 대체하는 현상은 스마트폰의 급속한 발전으로 더욱 뚜렷해졌음을 우린 실감하고 있습니다. 그런 상황에서 몇 백 페이지가 되는 텍스트를 읽히고 학습 관리를 하는 것이 경영에 어떤 도움을 줄 수 있을까요? 다시 말해서 조직의 구성원들도 받아들이기 어려워하는 방법이고, 사회적으로도 철 지난 접근법이 효용성이 있다고 말하기는 어려울 겁니다.

그러나 우리가 흔히 아는 구글, 애플, 피너클 파이낸셜 파트너스, 피자헛 등의 사례를 보면 독서는 분명 경영에 기여하는 바가 있습니다. 이는 독서가 구성원 개개인의 역량을 자기주도적인 학습으로 끌어올리는 데 효과적인 수단이며, 기업의 창조적인 발전과 기업 문화의 수준을 높인다는 것을 분명하게 말해 주는 사례입니다. 한편, 우리나라에서 벤처 기업의 10년 생존율이 1퍼센트도 채 되지 않을 때, 안철수연구소(안랩)는 창립 10주년이었던 2005년에 매출액 402억 원에 순이익 120억 원의 실적을 올렸습니다.

그들의 성공 비결은 무엇이었을까요? 저는 독서를 경영으로서 충분히 활용했기 때문에 가능했다고 봅니다. 경영의 사전적인 정의를 '기업의 목적을 수행하기 위해 갖추어야 할 기술 또는 수단'이라고 하지요.[1] 그들은 각자의 조직에 맞게 독서를 수단으로서 적절하게 활용하여 결과를 낸 것입니다.

결국 독서경영에서 중요한 건 독서 그 자체보다는 독서라

---

[1] 위키피디아 '경영'의 정의

는 행위를 어떤 목적을 위해 어떻게 활용할 것이냐일 겁니다. 그런 의미에서 저는 독서경영이란 기업에서 독서를 활용하여 더 나은 경영적 성과를 성취하는 일련의 활동을 통칭하는 개념이라 말씀드리고 싶습니다.

요컨대 '독서경영'은 독서문화 확산을 위한 활동이 아닌 경영 활동의 과정을 위해 존재하는 것입니다. 그리고 그 역할을 극대화시키기 위해 독서가 조직 문화에 자연스럽게 녹아들어야 합니다.

코로나 시대를 맞이하여 사람과 직접적으로 연결되거나 접촉하지 않는다는 뜻으로 '언컨택트(Uncontact)'라는 말이 생겨났습니다. 이 용어는 우리가 가진 현재의 욕망을 대변하는 말이자, 미래를 만드는 중요한 메가트렌드[2]로 다양하게 파생되어 사용되고 있습니다. 기술 발전을 통해 점원과의 접촉 없이 물건을 구매하는 등의 새로운 소비 경향으로 '언택트(Untact)'란 단어가 이어서 나타났지요. 근래에는 온라인을

---

[2]　김용섭, 『언컨택트』, 퍼블리온, 2020

통한 외부와의 연결을 더한 개념으로 '온택트(Ontact)'라는 말도 생겼습니다. 그 후 모든 것이 집으로 연결된다는 뜻으로 '홈택트(Hometact)'란 단어까지. 조어(造語) 방식을 보면 요즘은 무엇을 어떤 방식으로 연결(-tact)시키느냐에 따라 이름을 지어 붙이는 것이 가능할 것 같습니다.

그런 의미로 요즘 사회에서 생겨난 새로운 연결 방식에 '-tact'를 붙이는 거라면, '북택트(Booktact)'는 다음과 같은 '연결'을 고민하는 모습을 담기에 적절한 용어입니다. 첫째는 개인 관점의 독서와 조직 관점의 독서의 '연결'입니다. 둘째는 독서라는 행위 자체와 성과의 '연결'이며, 셋째로 독서문화와 조직 문화와의 '연결'입니다.

이 책의 1장에서는 개인 관점의 독서와 조직 관점의 독서의 '연결'에 대한 고민을 시작으로 본격적인 이야기가 이루어집니다. 1장을 통해 책을 읽는다는 건 무엇인지, 개인이 책을 읽음으로써 얻는 효용성을 조직 관점으로 연결시켰을 때 겪는 어려움에는 어떤 것이 있는지 알게 될 겁니다. 그리고 그 어려움을 풀어내는 역할을 할 조직 내부 전문가의 육성에 대한 이야기를 담았습니다.

2장에서는 독서라는 행위와 성과와의 '연결'을 다루고 있습니다. 독서경영에 관심이 있거나 이미 시행 중인 기업이라면 분명히 고민하셨을 거라 생각합니다. 북택트가 올바르게 이루어졌을 때 기대하는 모습을 담고 있으며, 많은 분이 공감하리라 믿습니다.

3~5장에서는 독서문화와 조직 문화와의 '연결'을 단계별로 소개합니다. 미리 말씀드리지만, 각 단계별로 소개하는 활동과 고민을 반드시 해야 한다고 말씀드리고자 함이 아닙니다. 단지 타사의 사례를 살펴보면서 우리 조직에 적용할 점을 고민하며, 성과를 위해 한 걸음 나아가기에 충분한 언급이 될 거라 생각합니다.

마지막 6장은 북택트의 주체가 되어 줄 조직 내부 전문가를 위한 장입니다. 현재 국내의 독서 능력 개발을 위한 교육법 및 지도 방법론은 아동 및 청소년을 중심으로 연구되고 있습니다. 이를 성인인 조직 구성원들에게 적용할 때 어려움을 겪는 분이 많습니다. 그런 분들을 위해 학습하고 적용할 만한 내용을 담았습니다.

Contents

1장

조직이 책을 읽는다

BOOKTACT

BOOKTACT

개인의 책 읽기

BOOKTACT

'책을 읽는다'는 건 어떤 의미를 갖고 있을까요? 단순하게 생각해 봤을 때 '책'이라는 목적물을 '읽는' 행위를 한다고 볼 수 있습니다. 그러나 '읽는다(讀)'라는 의미는 다양한 개념적 정의를 지니고 있습니다.

단순히 문자에서 의미를 도출해 내는 문해(文解) 과정으로 볼 수도 있지만, '讀(읽다)'에 대한 원류를 살펴보면 상당히 넓은 의미로 사용되어 왔음을 알 수 있습니다. 이와 관련하여 1970년 미국의 국립교육연구개발원과 미국교육청의 지원으로 개최되었던 독서 관계 전문가 회의에서 내린 정의는 특히 주목할 만합니다.

'讀(읽다)'는 청각적 영상을 주로 했던 문자 이전의 시기에 呼(부르다), 誦(외우다. 말하다), 語(이야기하다), 詠(읊다), 察(보다), 解(풀이하다), 數(헤아리다) 등 음성적, 표현적 의미로 다양하게 사용되어 왔다. 그러던 것이 문자의 출현과 인쇄술의 발달로 시각적 영상을 위주로 하는 활자 문화 시대에 들어서게 되자, 讀의 의미는 '문자를 읽는다.'는 말로 바뀌어 소위 '문자를 인지하여 단어나 글, 문장, 작품을 눈으로 받아들여 그 의미를 이해한다.'는 이해적인 성격으로 바뀌게 된다.

이렇듯 독서의 개념은 일차원적으로 '문자에서 의미를 도출해 내는 해독 과정 및 이해'라고 볼 수 있습니다. 그러던 것이 인지심리학의 발달과 더불어 독서 행위의 주체인 독자의 측면을 중시하면서 사고 과정이라는 의미가 덧붙게 됩니다. 그러니까 단일 수준의 정보 이해뿐 아니라 독자의 지식과 경험의 폭에 따라 다르게 전달되는 과정을 포함한다는 것이지요.

학자들이 말하는 독서 수준의 구분을 보면 '책을 읽는다'는 것의 의미를 더 잘 이해할 수 있습니다. 우선 애들러

(M.J.Adler)와 도렌(C.vav Doren)은 독서의 수준을 4단계로 구분하고 있습니다. 이들은 읽기와 쓰기를 전혀 못하는 초보 수준으로 읽기와 쓰기 기술을 습득하기 위한 제1수준을 '초급 독서(elementary reading)'라고 명명합니다. 제2수준은 일정한 시간 안에 할당된 분량을 읽고 내용을 파악하는 것으로, 그 책의 구성 형태와 구성 부분, 종류 등 책의 내용을 충분히 파악하는 것에 주안점을 둔 '점검 독서(inspectional reading)'입니다. 이해를 깊이하면서 읽는 데 주안점을 둔 철저한 읽기, 완전한 읽기를 의미하는 제3수준은 '분석 독서(analytical reading)'로, 책의 내용을 완전히 자기 것으로 철저히 소화하여 읽어 내는 것이라고 생각하면 됩니다. 그리고 가장 고도의 독서인 제4수준은 '신토피칼 독서(syntopical reading)'입니다. 신토피칼로 읽는다는 것은 한 권뿐만 아니라 한 주제에 대해 몇 권의 책을 서로 관련짓는 것으로 가장 복잡하고 조직적인 독서법입니다.[1]

이에 비해 김병원 등은 2차원적 독해(평면 독서), 3차원적

---

[1] 모티머 J. 애들러, 찰스 반 도렌, 『독서의 기술』, 범우사, 2011

독해(입체 독서), 비판적 독해(비평 독서)의 3단계로 나누어, 앞서 모티머 J. 애들러와 찰스 반 도렌이 제시한 점검 독서와 분석 독서를 3차원적 독해에 묶어 놓은 듯한 형태를 취합니다.

이를 통해 봤을 때 결국 '책을 읽는다'는 과정에서 독자가 어느 정도의 상호 작용을 할 수 있느냐는 매우 의미가 있습니다. 왜냐하면 작가의 생각이나 개념을 자신의 배경지식 등에 흡수하여 융합시키는 과정을 취할 것이기 때문입니다.

험난한 북택트의 시작

개인의 책 읽기는 독서 과정에서 겪는 상호 작용을 통해 학습, 심미(審美), 깨달음, 힐링 등을 취할 수 있습니다. 그래서 CEO가 개인적으로 책 읽기를 통해 얻은 이점을 직원들도 똑같이 느꼈으면 좋겠다는 생각에 북택트를 시작한 회사도 많이 만나 봤습니다.

이처럼 개인이 얻을 수 있는 장점을 기반으로 북택트를 시작한 조직에서는 독서 분위기를 특별히 조성한다거나 독서 능력 향상에 주안점을 두는 모습을 쉽게 볼 수 있습니다.

제가 직·간접적으로 접해 본 조직에서도 대부분 그랬는데, 그렇게 운영되다 보니 현장에서 몇 가지 문제가 생겼던 적이 있습니다.

먼저 독서 분위기를 조성하는 시작은 어려움이 없었습니다. 사내도서관 구축 및 시스템으로 도서를 관리하는 방안을 도입한다거나, 직원들에게 도서를 구입할 수 있는 복지를 제공해 주기 때문입니다.

하지만 이처럼 물리적으로 조성된 분위기에서는 또 다른 문제점이 생깁니다. 직원들이 사내도서관을 잘 이용하도록 유도하기 위해 대부분 베스트셀러 위주로 책을 구입하게 되고, 그렇게 시간이 흐르고 나면 독서경영을 주도하던 담당자는 도서를 구입해서 채워 넣기만 하는 사람이 되어 버립니다.

또한 책 읽는 문화를 위해 직원들이 스스로 도서를 구입할 수 있도록 지원을 해 주어도 어려움은 발생합니다. 왜냐하면 이 경우에는 독서경영을 위한 환경 조성이라는 의미가 퇴색될 가능성이 있기 때문입니다. 처음 시작은 환경 조성이었는데, 나중에는 조직에서 직원들에게 제공해 주는 복지 제도로만 남아 있을 겁니다.

독서 능력 향상에 주안점을 두고 독서교육을 제공하는 경우에도 비슷한 어려움이 발생합니다. 앞서 독서 능력 개발을 위한 이론적 접근에서도 보셨던 바와 같이 현재 국내의 독서 능력 개발을 위한 교육법은 대부분 성인보다는 아동 및 청소년을 중심으로 연구되고 있습니다. 그런데 아동 및 청소년을 위한 독서는 독서를 통해 이루고자 하는 지향점이 기업에서 독서경영을 통해 이루고자 하는 지향점과 다릅니다. 그러다 보니 임직원들이 독서를 잘하게끔 도와줄 수는 있어도 그 이상의 것은 고민이 될 수밖에 없는 것입니다. 그렇게 시간이 지나고 나면 경영 활동의 과정을 위해 독서가 활용되어야 하는데 '독서 활동' 그 자체만 강조하게 되지요.

앞서 제가 보고, 듣고, 겪었던 어려움을 보면서 어떤 생각이 드셨나요? 설마 '역시 독서를 경영에 활용한다는 건 이론적으로만 가능한가 봐.'라고 생각하셨나요? 저는 이와 같은 어려움을 겪으며 두 가지 생각을 했습니다.

첫 번째는, 독서경영은 장기적이고 단계별로 접근해야 한다는 겁니다. 그렇기 때문에 우선 인프라부터 갖추고 시작하는 것이 아니라 그 인프라를 지속적으로 어떻게 끌고 갈지 설계하는 것이 필요합니다. 그러기 위해서는 우리 조직에서 독서의 어떠한 효용성을 적극적으로 쓸 것인지, 단계별로는 어떻게 촉진하고 유도할 것인지 고민해야 합니다.

두 번째는, 단계별로 촉진하고 유도함에 있어 우리 조직에 대해 잘 알고 있는 사람이 이끌고 가야 한다는 겁니다. 조직 문화에 녹아들어 가기 위해서는 우리 조직을 잘 아는 사람만큼 적임자는 없습니다. 그렇다고 해서 독서경영에 대해 잘 모르는 사람이 이끄는 것은 위험합니다. 제가 경험한 바에 따르면 보통 그런 경우에는 다른 기업의 우수 사례나 외부 컨설팅을 통해 흉내 내는 정도에서 그치고 말더군요.

북택트 사례

BOOKTACT

㈜이디엠에듀케이션이 운영하는 독서경영의 비전 및 목표 중 첫 번째는 '독서는 언어다. 언어는 문화다.'라는 슬로건으로 독서경영을 통해 조직의 언어가 통일되고, 통일된 언어를 기반으로 문화를 만드는 것입니다.

이를 위해 'edm 독서모임'이라는 독서토론 모임을 운영하는 것으로 알려져 있습니다. 매달 사내에서 정한 필독서를 읽고 함께 주제별 토론을 하는 모임인데, area별 월 2~4회 실시합니다. 우선 도서가 선정되면 구매 후 전 직원에게 배송하며, 그다음 도서 분량에 따라 도서 모임 횟수를 공지하고, 마지막으로 읽은 후 독서 시트(sheet)를 작성해서 모임을 갖습니다. 발제를 맡은 직원이 도서 내용을 발표하면 조별로 토론하는 시간을 갖고, 조별 토론 내용을 발표 후 그 내용을 휴게실에 게시할 뿐 아니라 각 지사별 독서 모임 결과를 사내 인트라넷 독서 모임 게시판에 공유하는 과정으로 운영된다고 하니 꽤나 체계적이라 할 수 있습니다.

우리는 이와 같은 체계를 통해 문화 공유를 도와 변화·발전의 원동력으로 작용한 독서의 효용성을 엿볼 수 있습니다. 먼저 기업에서 직원들에게 공유하고자 하는 문화를 '월별 권장 도서'의 형태로 제시하여 내용을 접할 수 있도록 합니다. 이어 나뿐만 아니라 옆에 있는 다른 구성원들과 생각을 나누며 이해의 폭을 넓히고 같은 생각의 틀을 갖는 과정을 '발표 후 조별 토론하자.'는 행위로 확대하는 것이지요. 끝으로 다른 area에 있는 직원들과도 내용을 공유하며 통일된 언어를 기반으로 한 문화를 만들어 가는 겁니다.

이처럼 독서의 효용성은 문화를 형성하고 발전시키는 원동력으로 충분히 작용할 수 있습니다. 문화라는 영역에는 장기적인 관점에서 바라봐야 하는 것도 있지만, 단기적이고 즉각적인 독서의 효용성 또한 있습니다. 그것이 바로 지식 획득과 지혜 확장의 원동력이 될 수 있습니다.

독서는 텍스트를 있는 그대로 이해하는 문면(文面)적 이해를 일차적으로 요구합니다. 나아가 독자의 사고 활동이 독서에서 얻는 지식 획득 그 자체에 머물지 않고, 그 지식이나 정보를 더욱 넓고 깊게 확장해 나가는 매우 능동적인 사고를 요구하지요. 다시 말해 지식을 지식으로만 받아들이는 것에서 나아가 독자 자신의 생각과 느낌을 더하여 더 깊고 넓게 생각하는 과정을 겪는다는 것입니다.

동원엔터프라이즈는 '자율독서를 통해 스스로 학습하고 직무 역량과 교양을 쌓는 임직원 성장'이라는 독서경영 비전을 가진 기업입니다. 그래서 임직원들이 종합적인 정보 습득과 사실을 기반으로 한 의사결정 능력을 갖게 하기 위해 종이 신문 읽기를 장려하고 있습니다. 신입사원 입문 교육부터 승진자 교육, 그룹 차원의 세미나에 이르기까지 모든 임직원을 대상으로 종이 신문의 가치를 알리는 데는 이유가 있지 않을까요?

현재 한국경제신문에서 근무하는 기자의 말을 빌리자면 다음과 같습니다.

인터넷 신문은 알리고자 하는 어떤 정보에 대해 단편적으로 전달할 뿐입니다. 그러나 종이 신문은 1면부터 마지막 면까지 신문사에서 정보를 배치합니다. 그러니까 정보 간에 맥락이라는 것도 있고, 더 이해하기 쉬운 데다 의미를 부여하여 전달받기에 최적화된 매체라고 할 수 있습니다.

동원엔터프라이즈는 이와 같은 효용성을 활용한 활동을 기반으로 더 능동적인 독서 과정을 장려하기 위해 도서를 구매한 달의 말일까지 지식 포럼을 작성하도록 하는 활동도 하고 있습니다. 독서교육 학습 후 인상 깊었던 부분과 이유(300자 분량), 현업 적용 사항(200자 분량), 한 줄 서평을 포함해야 한다고 합니다. 읽은 기록을 형식적으로 남기는 것이 아니라 지혜 확장의 과정을 경험하도록 하는 것이라 볼 수 있습니다.

이처럼 독서 후 그 기록을 남기도록 하는 기업은 많습니다. 그중 DY의 독후감 작성은 독서의 또 다른 효용성인 의미 창조의 원동력을 활용한 활동이라서 소개합니다.

DY의 독서교육 대상자는 책의 주제 중 자신에게 와 닿은 내용, 저자가 전하고자 한 내용(혹은 새롭게 알게 된 내용), 저자의 생각과 같은 점 혹은 다른 점, 생각이나 태도의 변화를 일으킨 내용 등을 독후감 주제로 잡습니다. 그렇게 교육 대상자는 주제를 가지고 독후감을 작성함으로써 책 내용과 현재의 쟁점을 연결할 수 있고 자신의 기존 생각과 비교하는 과정을 겪습니다.

그중에서도 DY에서 가장 힘든 독후감 작성은 바로 '승진 독후감'이라고 합니다. DY는 '입사도 승진도 독서는 필수'라는 기조 아래 승진독후감을 제출한 후 A~D 평가 등급 중 B 이상 평가를 받은 사람만이 승진 시험에 응시할 수 있도록 되어 있습니다.

그런데 흥미로운 점은 이 '승진독후감' 작성을 위해 인재육성팀의 독서지도사가 유튜브 채널 'DY STORY'를 통해 작성 방법을 강의하고, 독서에 어려움이 있는 직원들을 대상으로 코칭까지 제공하고 있다는 겁니다.

읽은 그대로 글을 회상하고 표현한다면 이는 의미 창조 과정이라 할 수 없습니다. 읽은 내용을 이해하고, 본인의 생각을 바탕으로 종합하여 새로운 의미를 만들어 내는 지적 작용이 의미 창조라고 할 수 있습니다. 그러나 독서 능력은 모두 같지도 않고, 시간이 지나면서 자연스럽게 생기는 것도 아닙니다.

본인 스스로 글과 자신의 배경지식을 결합하여 의미를 재구성하는 과정을 여러 번 겪어봐야 서서히 생겨난다고 보는 쪽이 더 맞습니다. 그리고 그 과정은 도와주는 사람이 있으면 더 원활하게 진행이 됩니다. 그렇기 때문에 DY의 독서 활동은 독서의 효용성을 기업에 맞게 어떻게 쓸 것인지 고려하고 운영하는 사례라고 볼 수 있습니다.

북택트 성공 비결은
조직 내부 전문가

BOOKTACT

DY의 사례에서 보듯이 우리 조직에 대해 잘 알고 있는 조직 내부의 사람이 독서경영을 촉진하는 것은 개인 관점의 독서와 조직 관점의 독서를 연결시킴에 있어 매우 중요합니다. 이때 조직 내부 전문가에게 우선적으로 기대하는 바는 독서교육자로서 역할입니다. 그렇다면 일반적으로 독서교육자에게 요구되는 역할은 무엇이 있을까요?

우선 황금숙 등[2]은 독서교육자로서 자질 여부를 확인할 수 있는 자가 진단표를 다음과 같이 제시하고 있습니다.

---

2 황금숙, 이경민, 안인자, 최순희, 김수경, 『NCS기반 독서문화 프로그램 운영 실제』, 태일사, 2016

내 용	예	아니오
독서가 생활화되어 있는가?		
다른 정보보다 독서문화 정보를 더 많이 갖고 있는가?		
먼 훗날을 위해서 현재를 살아가고 있는가?		
결과보다는 과정을 더 중요하게 생각하는가?		
뜻을 이루지 못했을 때 긍정적으로 생각하는가?		
공동체 체제 속에서 활동하기를 좋아하는가?		
계획 세우는 것을 좋아하고 또 실현 능력이 있는가?		
필요하다고 결정했을 때는 최선을 다하는가?		
다른 사람들의 이야기 속에서 새로운 문제를 찾아내는가?		

　자가 진단표의 내용을 보면 독서교육자는 독서라는 활동을 이끌어 줄 수 있는 교육자로서, 또 상담가로서 그리고 본인 스스로 전인(全人)으로서의 자질을 종합적으로 기대받는 사람임을 알 수 있습니다.

　이에 대해 손정표[3]는 독서지도 담당자는 교사로서 갖추어야 할 자질만으로 국한되지 않고 독서인으로서, 전문 사서로

3　손정표, 『신독서지도방법론』, 태일사, 2010

서, 상담자로서, 하나의 독립된 전문직으로서 폭넓은 자질이 필요하다고 서술하고 있습니다.

그러나 제가 현업에서 경험한 바에 따르면 기업 내에서 독서경영을 이끄는 담당자에게 이 많은 자질을 다 기대하기는 어렵습니다. 왜냐하면 조직 내에서 수행할 역할이 너무 폭넓을 뿐 아니라 고정적이지도 않기 때문입니다. 무엇보다 직장인이라면 누구나 경력 개발을 고민할 텐데 그 부분에 대해서도 현실적으로 애매한 부분이 분명 존재합니다. 그래서 저는 다음과 같이 최소한의 역할 세 가지만 강조하고 싶습니다.

첫째, 자신의 독서 체험을 사실대로 들려줄 수 있어야 한다.
둘째, 좋은 책을 선택해 줄 수 있어야 한다.
셋째, 독서의 생활화, 습관화를 이끌어 주어야 한다.

『논어 – 위령공편』에는 '내가 하고자 하지 않는 바를 남에게 베풀지 말라(己所不欲勿施於人)'는 말이 나옵니다. 독서경영은 '독서'라는 구체적인 행위를 전제로 하는 활동입니다. 그렇기 때문에 독서 활동을 촉진하는 역할을 하는 담당자가 독서를 즐겨하지 않는다면 제대로 운영하기 어려울 겁니다. 본인도 하고자 하지 않는 것을 다른 사람에게 무슨 근거로 권하겠습니까?

그래서 저는 독서경영지도사에게 독서교육자로서 스스로 풍부한 독서량을 갖출 것을 요구합니다. 그래야 풍부한 독서량이 기반이 되어 자신의 독서 체험을 주변에 들려주며 긍정적인 영향을 줄 수 있기 때문입니다. 이때 주의해야 할 점은 '사실대로', 다시 말해서 객관적으로 전달해야 한다는 겁니다. 외부에서 어떤 자극이 들어왔을 때 모두에게 같은 반응을 기대하기는 어렵습니다. 그런데 자신의 주관에 따라 전달하면서 이미 가치 부여를 해버린다면 받아들이는 사람의 입장에서도 부담감과 거부감이 들 가능성이 높아집니다.

그렇게 주변 사람들에게도 책을 접하고 싶게 만들고, 책을 읽을 분위기를 형성한 후에는 좋은 책을 선택해 줄 수 있어야 합니다. 성인도 아동 및 청소년처럼 각자 편하게 읽을 수 있는 책의 분야가 있고, 문해력 차이도 있습니다. 그러므로 독서경영지도사는 구성원들이 흥미를 잃지 않으면서 꾸준히 독서 활동을 이어갈 수 있도록 책의 선택을 도와줄 수 있어야 합니다.

끝으로 가장 중요한 역할은 독서의 생활화, 습관화를 이끌어 주는 것입니다. 독서경영을 위해 만난 한 회사의 담당자는 "독서라는 활동 자체를 부정적으로 인식하는 사람은 거의 없습니다. 단지 독서라는 것이 나에게 유익하다고 진심으로 느끼기까지 시간이 걸린다는 거죠."라고 말했습니다. 아마 많은 분이 공감하실 거라 생각합니다.

여러분의 기업에서는 그동안 어떤 식으로 꾸준함을 이어가고 있나요? 아직 그 방법론에 대한 고민을 하고 있나요? 아니면 타사에서 시행한 것이 좋아 보여 도입해 봤는데 뜻처럼 잘 안 되나요? 이후 여러 사례를 살펴보며 내용을 좀 더 공유해 보도록 하겠습니다.

조직 내부 전문가에게
필요한 자격증

BOOKTACT

독서경영을 도입한 기업이라면 모두 독후감 작성 및 독서 토론 활동은 시행하고 있을 겁니다. 이는 독서 활동을 지속적으로 촉진할 수 있는 일차적인 요건이기 때문입니다. 그런데 그런 활동을 할 때 시행 가이드라인은 어떻게 잡고 있나요?

제가 직·간접적으로 겪은 기업들을 보면 아동 및 청소년을 위한 독서교육법을 참고하여 나름대로의 체계를 만든 곳이 가장 잘 진행되었고, 간혹 성인에게 맞지 않는 교육법을 그대로 적용하여 진행하는 경우도 봤습니다. 그러나 이젠 성인들, 그중에서도 조직에 속해 있는 직장인을 대상으로 하는 가이드라인을 바탕으로 경영적인 관점에서 북택트를 해야 합니다.

이에 도움이 되고자 현대 그룹이 설립·운영하고 있는 민간 경제연구기관인 현대경제연구원에서는 독서경영지도사 온라인 과정을 개설하여 민간자격증 발급기관의 역할을 하고 있습니다.

주된 교육 내용은, 경영 활동을 위해 독서의 역할을 중심으로 단계별 도입 과정에서 내부 독서경영지도사가 주로 수행할 역할입니다. 일차적으로는 독서 훈련(읽기, 쓰기)과 독서 습관을 형성할 수 있도록 독서교육 이론 및 지식을 익히는 것이 될 겁니다. 그리고 그것을 바탕으로 독서교육 전반에 걸친 교육운영 업무를 수행하는 것이 이차적인 역할입니다. 그리고 끝으로 문화로서 잘 정착되어 성과를 낼 수 있도록 이끄는 내용까지 담고 있습니다.

자격 명칭	검정 기준
독서경영 지도사	· 독서지도와 관련된 교육 이론 및 지식 · 독서지도와 관련된 자료 활용 능력 · 논술지도를 위한 작성된 글에 대한 서평 능력 · 독서지도 교육운영과 독서지도 방법 등에 대한 실무 능력

독서경영지도사의 검정 기준은 위 표와 같으며, 과정 수료자에 한하여 시험을 치를 수 있는 자격을 부여하고 있습니다.

검정 기준 내용에서도 나타난 바와 같이 독서경영지도사 자격증을 취득하는 과정은 직장인을 위한 독서지도법을 익히는 것에 초점이 맞춰져 있습니다. 그렇기 때문에 과정 학습 및 응시 자격에는 아무런 제한을 두지 않습니다.

뿐만 아니라 해당 교수 과정을 설계한 위원들이 모두 현업에서의 경험이 풍부합니다. 그러므로 이론계와 현상계(現象界) 영역의 조화가 잘 이루어져 있어 기업의 독서경영을 성공적으로 이끄는 것에 고민이 있는 사람이라면 큰 도움을 받을 수 있을 거라 생각합니다.

북택트 : BOOKTACT

독서경영지도사 존재의 중요성

국가브랜드진흥원에서 독서경영 우수 직장 인증제를 최초로 시행한 2014년부터 현재까지 꾸준히 독서경영 우수 직장으로 인정받고 있는 한 회사가 있어 그곳의 내부 전문가를 만났습니다. 처음 입사할 때부터 독서경영 전문가로 들어와 현재 팀장이라는 직책을 맡고 있는데, 여전히 직원 육성과 업무에 대한 애정으로 실무에 적극 참여하고 있는 분이었습니다.

작가: 독서경영을 이끄는 데 있어 애로사항이 있다면 무엇이 있을까요?

내부 전문가: 물을 먹이고 싶어서 물가까지는 데리고 갈 수 있어요. 그런데 물을 마시는 건 결국 본인이 해야 하잖아요. 그 점이 정말 힘들어요.

작가: 네, 맞습니다. 저도 독서경영 방법론을 고민할 때 그 점을 많이 고민했던 것 같아요. 팀장님은 그 부분을 어떻게

풀어가고 계시나요?

내부 전문가: 저는 일단 우수 사례를 만들어 보려고 했던 것 같아요. 그런 의미에서 제가 이번에 우연히 겪은 일인데 이런 일이 있었어요. 부장급 팀장인데 그동안 책을 잘 못 읽었다고 저에게 오신 분이 계셨어요. 그분은 책을 읽으려고 하는데 이게 잘 안 읽어진다는 거예요.

작가: 그래도 그런 말을 쉽게 할 수 있는 분위기인가 봐요?

내부 전문가: 아, 제가 팀장급 교육이나 승진자 교육을 할 때 그런 말을 자주 해요. 도서 추천을 원하거나 독서를 하는 과정에서 제 도움이 필요하면 언제든 이야기하시라고. 저는 언제든 도와드릴 의향이 있다고. 정말 많이 하죠. 근데 사실 도서 추천 요청은 많은데 독서 코칭을 요청하시는 분은 처음 뵈었어요.

작가: 그럼 독서 코칭을 어떻게 하셨어요?

내부 전문가: 일단 이분은 저랑 근무지가 다르세요. 그래서 만나지는 못하고 한 달에 한 번 30분 정도 통화를 하기로 했어요. 본격적으로 시작하기 전에 그 부장님의 독서 습관이라든지 평소에 관심 있는 책은 어느 분야인지, 책을 읽는 데 느끼는 어려움은 구체적으로 무엇인지 마치 진

단하는 것처럼 물어봤어요. 그런 후에 이분에게 맞는 책
으로 세팅을 한 거죠.

작가: 그래서 무엇부터 시작을 하셨나요?

내부 전문가: 이 부장님은 소설이 재미있으시대요. 그래서 얇으
면서 잘 읽히는 소설을 먼저 골랐죠. 그렇게 같이 읽으면
서 토론하기 시작했어요.

작가: 토론은 어떻게 하셨어요?

내부 전문가: 형식을 갖췄다기보다는 편하게 했어요. 읽어 보시
니까 어떠셨어요? 그분의 이야기를 듣고 제가 생각한 부
분을 들려드리기도 했죠. 그러다 보면 가끔 그분이 이런
말씀을 하세요. "와, 그건 내가 생각도 못 했다. 이야기
나누다 보니 새삼 재미있다." 그러면 제가 그 타이밍에
꼭 이런 말씀을 드려요. "그래서 책을 읽으면 좋아요."

작가: 그러면 반응이 어떠세요?

내부 전문가: 딱히 뭐라 반응을 보이지는 않는데, 그분 코칭을
시작한 지 7개월 정도 된 최근에 저에게도 동기 부여가
되는 말씀을 해주시더라고요. 얼마 전 함께 읽은 책이
400페이지 정도 되는 책이었거든요. 근데 그걸 다 읽어
내시더라고요. 게다가 본인의 감상평을 들려주시는데

생각이 엄청 발전하신 거예요. 그래서 둘이 서로 칭찬하고 난리였던 경험이 있어요.

작가: 그분 개인적으로 변하신 건 없으시던가요? 개인적인 생활이나 성장 등에 있어서….

내부 전문가: 예전에는 저랑 코칭을 진행해야 하니까 의무적으로 읽었다면 최근에는 그냥 시간이 날 때 편하게 책을 읽는다고 하시더라고요. 그래서 제가 지금 그 분위기가 아주 좋은 상태인 거라고 칭찬을 또 해드렸죠. 그래서 요즘은 스마트폰으로 뉴스 보는 걸 지양하시고, 가급적 활자화된 텍스트와 친해지라고 조언도 드리고 있어요. 예를 들어 저희 회사 사보가 글씨가 많거든요. 그래서 사보를 잘 읽어 보셔라 뭐 이런 거. 근데 또 감사하게도 꾸준히 잘하고 계세요.

저와 만난 기업의 내부 전문가 외에도 현업에서 독서경영을 담당하고 있는 사람들을 만나 보면 이와 유사한 사례를 많이 볼 수 있습니다. 독서를 잘하고 싶은 마음은 있으나 방법을 잘 모르는 조직 내부 사람을 만났다는 사례 말이지요. 뿐만 아니라 실생활에서도 독서에 관심은 있으나 방법을 잘 모

북택트: BOOKTACT

르는 사람들이 꽤 있습니다. 이런 분들은 만약 옆에 도움을 청할 곳이 없다면 일시적인 관심 정도에서 끝날 겁니다. 그리고 그보다 더 안 좋은 상황은, 도움을 청했는데 독서경영지도사가 도움을 줄만큼의 역량이 되지 않았을 때가 아닐까 하는 아찔한 생각도 해 봅니다.

2장

북택트 청사진

BOOKTACT

BOOKTACT

북택트 형성하기

BOOKTACT

"저는 책 읽기를 정말 좋아합니다. 그런데 이상하게도 회사에서 정한 필독서라고 하면 보기 싫더라고요."

제가 현업에 있을 때 후배가 어렵게 내뱉은 고백(?)입니다. 제가 만난 사람들과 기업 내에서 독서 관련 인식조사를 하고 있는 곳의 결과를 봐도 독서에 대한 개인적인 인식은 상당히 좋습니다. 개인적으로 이뤄지는 독서는 지식과 정보는 물론이고 깨달음, 기쁨을 넘어 위안까지도 주기 때문입니다. 그런데 그런 독서 활동이 조직적인 차원에서 이루어질 때 기업들은 많은 고민을 하게 됩니다. 어떻게 하면 독서를 개인적인 차원을 넘어 경영에 도움이 되도록 만들지 말입니다.

독서경영을 경영 기법으로 도입한 기업에 찾아가 이야기를 나누다 보면, 독서경영이란 기업에서 독서를 '활용'하여 더 나은 경영적 성과를 성취하기 위한 '일련의 활동'이라는 점에 동의를 합니다. 그리고 그 다음으로 돌아오는 말은 다음과 같습니다.

"독서 활동만 강조하다 보니 오히려 거부감만 더 생기는 모습을 보고 독서를 활용 수단으로 해야 함을 깨달았습니다. 그런데 여전히 보편적이고 통일된 개념과 모델을 찾는 과정에 있네요."

아마 이 책을 접하신 분들의 고민도 크게 다르지 않을 거라 생각합니다. 이에 대해 저는 다음의 단계에 따라 북택트를 시작해볼 것을 권합니다.

1단계. 우리 조직에서 독서를 권장하는 목적이 무엇인지 정한다.

2단계. 그 목적을 이루기 위해 조직 내 문화를 단계별로 형성한다.

3단계. 각 단계별로 우리 조직에 적합한 활동을 고민하고 실행한다.

독서경영을 경영 기법으로 도입한 기업에서는 대부분 독서를 권장하는 목적을 '성장'으로 꼽습니다. 개인의 성장을 돕고 이를 통해 기업의 지속적인 성장을 꾀하는 것이지요. 여기까지는 저뿐만 아니라 모두가 동의하실 거라 생각합니다.

저는 거기에서 더 나아가 강제성과 자율성의 딜레마에 빠져 있는 독서경영의 방법론적 문제를 오스트리아 철학자 마르틴 부버(Martin Mordechai Buber, 1878~1965)의 의견을 바탕으로 철학적 관점에서 들여다보고 싶습니다.

마르틴 부버는 그의 저서 『나와 너』에서 인간 존재를 다루었고, 그중에서도 상호 작용에 집중합니다. 1923년 이 책을 출간하면서 인간은 근본적으로 다른 두 가지 방식으로 세상과 관계를 맺고 상호 작용한다고 말하고 있지요.

부버가 말한 첫 번째 상호 작용 방식은 '나와 그것(Ich und Es)'입니다. '나와 그것'의 관계는 세상과 다른 사람을 감정과 목표가 없는 무생물로 취급하는 관계입니다. 칸트의 개념을 빌려 쉽게 말씀드리자면 '나와 그것'의 관계는 상대를 내 목적 달성을 위한 '수단'으로 생각하는 관계지요. 그렇기 때문에 항상 자신의 상황이나 목적과 관련지어 상대를 이해하게 됩니다. 물론 '나와 그것'의 관계를 유지하는 그 자체가 나쁜 것은 아닙니다. 나의 생존을 위해서는 절대적으로 필요할 테니까요. 그러나 특히 사람과의 관계에서 상대를 '그것'으로 대한다면 원만한 관계는 형성되기 어렵습니다. 반드시 깨지기 마련이지요.

저는 이걸 '좋은 의도의 함정'이라고 봅니다. 나는 분명 상대를 생각해서, 상대가 잘되었으면 하는 마음에 '좋은 의도'로 무언가를 권합니다. 보통 권한다기보다는 조언 또는 참견을 하지요. 그런데 이상하게도 상대는 내 마음도 몰라주고 오히려 반발합니다. 가정에서, 경영 현장에서 흔히 발견할 수 있는 현상입니다.

뇌 과학에서는 뇌는 좋은 의도는 보지 못하고 오로지 느끼기만 할 수 있으며, 좋은 의도로 한 이야기가 오히려 '강요'와 '간섭'으로 받아들여져 스트레스 호르몬인 아드레날린을 분비한다고 말합니다. 뇌는 왜 스트레스 호르몬을 분비할까요? 어떤 학자들은 좋은 의도 안에 도덕적인 우월감이 들어가 있기 때문이라고 하지만 저는 좀 다르게 답하고 싶습니다. 상대가 나를 '그것'으로 대하고 있음이 느껴지기 때문에 거부감이 느껴지는 거라고 말입니다. 세상 누구도 누군가의 '수단'이 되기를 원하지는 않기 때문입니다.

부버가 말한 두 번째 상호 작용 방식은 '나와 너(Ich und Du)'입니다. 칸트의 개념을 빌리자면 '나와 너'의 관계는 인간을 '목적'으로 생각하는 관계입니다. 그래서 상대방을 나와 같은 감정과 목표를 가지고 살아가는 인간으로 인정하고, 개별적 특성을 가진 일부가 아니라 온전하고 진실한 전체로서 마주하게 됩니다. 이 개념에서 가장 중요한 것은 나와 상대가 모두 만남을 통해 성장한다는 것입니다.

부버는 만남이야말로 '나와 그것'의 관계에 의지하는 문제의 해법이라고 말합니다. 또 그가 지향하는 만남은 역할과 역할로서의 만남이 아니라 사람과 사람 사이의 만남이 이루어져야 한다고 말합니다. 그러기 위해서는 열린 마음으로 자신뿐 아니라 상대의 말과 감정에 관심을 두라고 조언하죠. 좀 더 구체적으로 말해서 상대의 관심사와 생각에 대해 더 들어보려고 하고, 상호 작용의 횟수를 늘리며 관계를 만들어 가는 겁니다. 서로가 무언가를 주고받아야만 하는 관계가 아니라 만남이 일어나는 환경 자체에 집중하고 서로가 느끼고 생각한 것을 자유롭게 나눌 수 있는 관계에서부터 시작하라고 합니다.

그래서 저는 독서를 권장하는 목적을 추상적으로 '성장'이라고 할 게 아니라 '만남을 통한 성장'이라고 정해 보고 싶습니다. 부버가 말한 '나와 너(Ich-Du)'의 상호 작용을 구성원끼리 이루어 가며 말이지요. 이러한 목적을 이루기 위해 구체적으로 할 일은 결국 조직 내 문화를 만들어 가는 것이기 때문에 장기적이고 단계별로 접근할 필요가 있다고 말씀드립니다.

부버의 철학적 사상에 바탕을 둔 '만남을 통한 성장'을 조직 문화 차원으로 녹여낸다면 경쟁 가치 모형(CVM, Competing Values Model)을 활용할 수 있습니다. 경쟁 가치 모형은 원래 조직 효과성 연구에 활용되는 틀이었습니다. 그러나 Quinn 등에 의해 발전되고, Quinn & McGrath, Cameron & Quinn 등에 의해 제시되면서 조직 문화를 연구하는 분석틀이자 조직 문화를 진단하는 도구로 활용되고

있지요.[1]

경쟁 가치 모형은 '변화 대 안정'과 '조직 내부지향 대 외부지향' 두 가지 차원을 기준으로 하고 있습니다. 변화는 조직의 신축성과 유연성을, 안정은 통제와 질서 및 효율성을 강조하는 개념이며, 조직 내부지향은 기존의 조직을 유지하기 위해 조직 내부의 통합과 조정에 초점을 두는 성향, 외부지향은 조직 외부 환경과의 상호 작용 및 환경 적응과 경쟁을 강조하는 성향이라고 보시면 됩니다.[2] 이들의 조합에 따라 조직 문화는 관계지향, 위계지향, 과업지향, 혁신지향 문화로 구분되며 내용[3]은 다음과 같습니다.

---

1   위키피디아 '경쟁 가치 모형' 내용
2   위키피디아 '경쟁 가치 모형' 내용
3   김대건, 허성욱, 「조직문화 격차가 조직효과성에 미치는 영향」, 한국공공관리학보 Vol.29, 2015

	관계지향 문화	위계지향 문화	과업지향 문화	혁신지향 문화
초점	· 조직 구조 유연성 · 사기(morale) · 인적 개발	· 통제 위주 구조 · 효율성 · 지속성(time-less)	· 생산성 · 수익 추구 · 경쟁에서 승리	· 조직 구조 유연성 · 창의성 · 도전
수단	· 화합 · 참여 · 의사소통	· 일관성 · 공식적 명령 · 생산 과정 표준화	· 목표 제시 명확 · 생산성 증대 · 소비자 중심	· 창조성 · 민첩성 · 적응력
가정	· 소속감 · 연대감	· 안정	· 과업 달성	· 변화 · 성장
믿음	· 조직 구성원은 조직 내에서 신뢰, 충성, 멤버십을 느낄 때 적절하게 행동	· 조직 구성원은 공식적이고 명확한 규율과 규칙에 따라 적절하게 행동	· 조직 구성원은 명확한 목적과 정확한 성과 보상에 따라 적절하게 행동	· 조직 구성원은 자신의 업무 중요성을 인지할 때 적절하게 행동

이 중 어느 조직 문화도 더 좋고 나쁨은 없습니다. 학자들에 의해 분류된 조직 문화이기 때문에 실제로는 저렇게 정확하게 분절적으로 나뉘지도 않으며, 각 조직의 특성에 맞게 가치 있다고 여기는 것에 집중할 뿐입니다. 다만 독서경영 기법을 도입하여 '만남을 통한 성장'이라는 목적을 이루기 위해 단계별로 조직 내 문화를 형성하고자 한다면 관계지향 문화에 집중해 보실 것을 권합니다.

조직 내 문화로서 북택트를 다음과 같은 3단계로 형성해 나가길 권합니다. 이런 밑바탕을 두고 구체적인 활동에 대한 고민을 이어간다면 독서경영이 추상적인 개념 하나 던져 주고 유행처럼 사라지는 경영 기법이 되지는 않을 것이라 확신합니다.

단계	형성기	정착기	확산기
목표	문화 형성, 소통	문화 정착	상호 성장
주요 활동	인프라 구축	활성화	상호 작용

북택트로 얻고 싶은 것

BOOKTACT

독서경영을 통한 성과물은 국가브랜드진흥원 또는 한국
능률협회컨설팅에서 발행하는 우수 직장 사례집을 제외하고
는 사실 그리 많지 않습니다. 게다가 독서지도에 대한 이론 및
내용도 대상자가 대부분 아동 및 청소년이라 독서경영에 나
선 많은 기업의 고민이 상당한 것이 현실입니다. 무엇보다 새
로운 것을 도입하면 무언가를 보여 줘야 하는데, 독서경영은
보여 줄 것이 없어서 너무 힘들다는 어느 담당자의 고민은 남
의 이야기가 아닙니다.

그래서 최근에는 '비대면'과 '소통'이라는 키워드로 독서경
영을 접근하는 기업의 예도 늘어나고 있습니다. 특히 한국동

서발전은 책으로 소통하는 기업 문화 조성을 위해 본사 및 전 사업소에 북 카페를 운영해 책을 가까이 할 수 있는 환경을 구현하고, 7년째 독서경영을 이어오고 있는 곳입니다. 최근에는 코로나19로 북 카페 이용이 우려되자 온라인 독서경영을 추진하기로 해서 눈길을 끌었습니다. 2020년 5월부터 모바일 앱 기반의 '스마트 북 리더'를 도입해 최신 경영 트렌드와 경영 방침 관련 도서를 선정하고, 전문가 서평 및 특강을 제공하고 있기 때문입니다. 이와 같은 운영 방식으로 사회적 거리두기에 동참하면서 이러닝(e-Learning)의 단방향 학습에 따른 한계를 극복하고, 댓글로 소감을 공유하면서 구성원 간 소통도 증진할 수 있는 선례가 될 것 같습니다.

또한 한국전력공사는 전사의 모든 단위 조직에 독서경영이 제대로 뿌리내릴 수 있도록 퍼실리테이터를 2018년에 양성한 기관입니다. 이를 위해 독서 동아리 리더 및 서평 블로거를 양성하기 시작했고, 교육은 실습 중심인 액션 러닝(Action-Learning)을 통한 참여형 리더 역량 강화를 주요 내용으로 해서 눈길을 끌었습니다. 2018년 사례 발표 당시에 벌써 리더 약 400명, 블로거 약 80명을 양성하는 등 체계적인 운영이 이어져 왔으니 가시적인 성과는 지금까지도 꽤 클 거라 예측됩니다.

　많은 분이 공감하시겠지만 여전히 현실에서는 목적한 바를 이룰 때까지 기다리는 일이 쉽지 않습니다. 그래서 아무리 '나와 너'의 상호 작용이 현실에서 이룰 수 있는 이상적인 모습이라 말씀을 드려도 기업 입장에서는 그것이 영글기까지 기다리지 못하고 그 상호 작용을 만들기 위한 해법과 방법을 찾으려고만 합니다. 기다리기 힘들어서일 수도 있고, 지금까지 일해 온 방식이 문제 해결에 익숙해서일 수도 있습니다.

　그러나 단언컨대 '나와 너'의 상호 작용 방식은 해법을 찾아야 하는 문제가 아닙니다. 사람이라면 본능적으로 의미 있는 일을 하고 있는 '존재'가 되길 바라기 때문입니다. 그리고 본인이 '수단'이 아니라 그런 '존재'라 인식된다고 느끼면 '존재'로서 행동합니다. 그러니까 '나와 너'의 상호 작용 방식은 문화적 토양만 만들어지면 자연스럽게 이루어지는 겁니다. 그렇다고 독서라는 수단이 알아서 그렇게 만들어 주겠지라고 마냥 기다리라는 의미는 아닙니다.

2020년 한국동서발전과 2018년 한국전력공사의 사례를 통해 알 수 있듯 내부에서 배움과 성찰을 이끌어 낼 퍼실리테이터를 육성해 보라는 겁니다. 그리고 그들로 하여금 문화적 토양을 만들도록 하고, 기다려 주면 되는 겁니다. 한편 그 일을 맡은 퍼실리테이터는 독서경영 활성화 단계에서 기업의 방침에 따라 상호 작용을 설득당해서 행하다 보면 저절로 조직이 '성장'할 것이라는 식의 활동을 지양해야 합니다. 열린 마음으로 자신뿐 아니라 상대의 말과 감정에 관심을 둘 수 있도록 활동을 하는 겁니다.

독서는 그 특성상 서로의 감정과 말에 관심을 둘 수 있는 요소를 많이 지니고 있습니다. 심지어 상대방의 스키마(schema)까지도 알게 되면서 서로를 깊게 이해할 수 있습니다. 그래서 독서라는 수단은 관계를 만들고 만남을 촉진하고 상호 작용의 횟수를 늘리기에 유용한 수단이라고 말씀드리는 겁니다.

저는 궁극적으로는 사람들이 모여서 관계를 맺고 공동의 목표를 위해 협력하고, 서로에게 배우도록 하는 조직 문화가 우리가 속한 회사의 문화가 되었으면 합니다. 그리고 제가 경험하고 공부한 바에 따르면 억지로 하려고 할수록 구성원들은 더 수동적으로 바뀝니다. 그런데 독서라는 수단은 그 자체로 나를 새로 깨닫고, 상대에 대해 알아가고, 그것을 나눌 수 있는 것이었습니다. 그래서 이것을 조직의 문화로 녹여 낼 수 있다면 그런 이상적인 기업 문화가 형성될 것이라고 말씀드리는 겁니다.

『토끼와 거북이』라는 우화를 아실 겁니다. 거기서 토끼와 거북이가 달리기 시합을 하는데 거북이가 이깁니다. 그 이유가 무엇이었을까요? 바로 토끼는 거북이를 이기는 것이, 거북이는 결승점에 도달하는 것이 시합의 목적이었기 때문이랍니다. 그러니까 토끼는 거북이를 이미 이겼다고 생각했기 때문에 낮잠을 잤고, 거북이는 토끼가 무얼 하든 결승점까지 가게 된 겁니다.

그럼 독서경영을 도입한 우리의 목적은 무엇일까요? 구성원들에게 독서를 자율적으로 시키지 위함인지, 구성원들이 서로 배우며 성장하는 문화를 만들기 위함인지, 확실한 목적

북택트 : BOOKTACT

을 정해야 할 것입니다.

확산기에서의 과제

BOOKTACT

독서문화의 마지막 단계인 확산기에서는 구성원들이 서로 배우며 성장하는 문화로 인식되는 것을 목표로 합니다. 그 목표를 이루기 위해 해법을 찾고 무언가를 설득하려고 할 것이 아니라 서로 관계를 맺고 배울 수 있도록 조직 문화적 토양을 다듬는 활동을 할 것을 권합니다.

조직 문화적 토양을 다듬는 활동에 대한 이야기를 하기 위해 우리나라 전래동화인 『당나귀를 팔러 간 아버지와 아들』 이야기를 떠올려 보겠습니다. 시장에 당나귀를 팔기 위해 아버지와 아들이 길을 나섭니다. 시장으로 가는 길에 당나귀를 그냥 끌고 갔더니 안 타고 간다고 사람들이 손가락질을 하고, 아버지가 탔더니 매정한 아버지라 하고, 아들이 탔더니 불효자라고 하지요. 그래서 아버지와 아들이 모두 탔더니 뭐라고 했습니까? 당나귀를 혹사시키는 사람들이라고 합니다.

당나귀를 팔러 가기 위해서는 나귀를 어떻게든 데리고 가야 하는 것은 자명한 사실입니다. 그리고 데리고 가는 방법도 분명합니다. 그런데 문제는 어떤 방법을 취하더라도 손가락질이 돌아옵니다. 여러분이 이 이야기에 나온 아버지 또는 아들이었다면 어떤 선택을 해야 옳았을까요? 아니 옳은 선택이라는 것은 애초에 존재하는 것이었을까요?

동화에 등장한 손가락질하는 사람들은 본인이 의미 있게 생각하는 영역에 따라 생각하기 때문에 손가락질했던 겁니다. 또한 무엇보다 그들은 아버지와 아들의 의도를 이해하기 위한 노력을 전혀 하지 않고 있습니다. 어쩌면 그럴 필요를 못 느꼈겠죠. 왜냐고요? 그 사람들에게 아버지와 아들의 중요한 목적인 '당나귀를 시장에 판다'는 건 남의 일이니까요.

그래서 이런 생각을 해봅니다. 만약 여기서 손가락질하는 사람들이 무엇을 의미 있게 생각하는지 이해할 수 있는 사람이 있었다면? 그리고 그 사람들에게 아버지와 아들이 행동한 의도를 이해시키기 위해 노력할 수 있는 사람이 있었다면?

조직 문화 분야의 세계적 석학이라고 불리는 에드거 샤인(Edgar Henry Schein) 교수는 문화 형성에 대해 다음과 같이 이야기를 합니다.

> 만약 당신이 조직의 문화를 바꾸려 한다면, 당신에게 도움이 되는 기존의 문화와 방해가 되는 기존의 문화를 먼저 해석해야 한다. 그리고 몇 가지 문화적 가정이 비효율적이라면, 그것들을 바꾸기 위한 방법을 찾아내야 한다.

확산기 단계에서 독서경영지도사가 해야 할 일은, 문화 정착을 위한 퍼실리테이터가 되어야 합니다. 독서경영 활성화 활동이 어느 정도 문화로 자리 잡았다면 이젠 '독서'라는 단어를 잠시 뒤로하고 '문화'라는 단어로 중심을 옮길 때가 되었습니다. 우리 조직이 서로에게 배우며 성장하는 상호 작용을 통해 성장하는 조직 문화가 되어 가는 과정에서 '독서'라는 수단이 최선의 선택이 아니면 그걸 배제할 결단도 할 수 있어야 합니다.

그리고 무엇보다 샤인 교수가 이야기했던 바와 같이 기존의 문화를 제대로 파악하는 게 중요합니다. 우리 조직이 지향하는 모습이 있는데 그것에 도움이 되는 기존의 문화는 무엇일지, 변화가 필요한 기존의 문화가 무엇일지 냉정하게 바라보는 겁니다.

동원엔터프라이즈의 독서경영 비전은 다음과 같은 모습이었습니다.

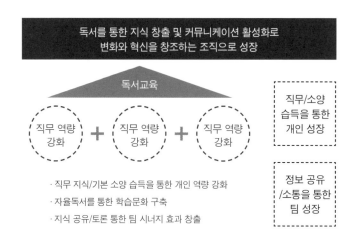

2004년부터 독서경영을 실행하고 있는 이 기업이 변화해 온 모습[4]을 보면 2004~2009년에는 외부 위탁업체에서 '필독서 학습을 통한 그룹 핵심 키워드 공유'를 목표로 독서경영을 운영했습니다. 연 2회에 걸쳐 2종 중 1종을 선택하여 학습한 후 리포트를 작성하는 형태였죠. 그런데 이는 강제성이 부여된 독서 형태라 직원들이 도서를 선택하는 폭이 좁다는 한계점이 있음을 인지합니다.

그래서 2010~2015년에는 인재개발팀에서 자율독서 프로그램을 통해 자기 주도적 학습체계 구축이라는 목표를 세우게 됩니다. 필수 도서 1종과 선택 도서 3종을 읽고 독후감을 작성하는 형태가 된 거죠. 그런데 이 또한 자율성을 부여하였으나 그 효과가 미비했다고 합니다.

그러나 동원엔터프라이즈가 했던 노력은 독서경영 프로그램을 통해 독서에 대한 올바른 인식을 정립하기에 충분했다고 봅니다. 그리고 그런 인식을 바탕으로 나아가고자 했던 방향도 업무 성과 창출이라는 점에서 명확했고요. 물론 독서라는 수단은 인풋(input)에 대비하여 아웃풋(output)이 사람마

4　2016 독서경영 우수 직장 사례집, 국가브랜드진흥원, 2016

다 다릅니다. 심지어 일반적으로 인풋(input)이 더 크기도 합니다. 아마 그래서 독서를 통해 업무 성과 창출을 하고자 노력을 했으나, 효과가 미비했을 수도 있습니다.

그럼에도 불구하고 2016년 이후부터 교육 안내 부분에서 독서 활동 가이드를 제공하고, 직무 도서 정보를 제공하는 등 끊임없이 노력하고 변화하는 모습이 매우 인상적입니다. 그 변화의 기준과 근거가 모두 기존의 모습을 제대로 파악하면서 행했던 것이기 때문이죠.

독서경영의 형태를 기업 내에서 발전시킨 예로는 롯데백화점㈜[5]도 꼽을 수 있습니다. 롯데백화점은 2011년 교보문고와 연계하여 사내 인터넷 서점을 선도적으로 도입 및 개발합니다. 그리고 직원들이 자유롭게 도서를 구매할 수 있도록 복지 개념의 도서 포인트를 제공했죠. 그리고 2013년부터 단순 독서에서 나아가 학점제를 도입하여 교육으로 이어질 수 있도록 합니다. 도서를 읽고 해당 도서를 자신의 업무와 적용시킬 수 있는 방안이 담긴 지식 포럼을 도서를 구매한 월 기준 말일

---

[5]　2017 독서경영 우수 직장 사례집, 국가브랜드진흥원, 2017

까지 작성하도록 한 것이죠. 그리고 온라인 학습을 통해서도 직무 관련 도서 및 롯데백화점의 업무 매뉴얼을 학습할 수 있도록 교육과정을 꾸준히 개발했습니다. 이후 2015년부터 독서를 통한 가치 창출에 힘쓰며, 2017년 독서경영 최우수 기관이 됩니다. 구체적으로는 직원 참여형 독서문화를 구축하는 것에 힘을 쓰고 있으며, 각 영업점에서 지역사회에 다양한 도서를 기부함으로써 나눔을 실천하는 활동을 했습니다.

롯데백화점의 독서경영 발전 과정을 보면 '독서'라는 행위에 매몰되기보다는 '독서'를 수단으로 활용하기 위한 변화를 해왔음을 볼 수 있습니다. 실제 롯데백화점은 사례집을 통해 'Guide runner(참여를 돕는 역할)'에서 더 나아가 책을 통해 직원들 모두가 서로 배움을 이끄는 'Guide learner'가 되는 것을 목표로 독서경영 활동을 펼칠 것이라 밝히고 있습니다.

한국산업인력공단의 경우는 독서경영을 도입하면서 직장을 벗어나 진행할 수 있는 프로그램을 새로 시도하고, 대내외적 독서의 생활화와 확산을 위해 노력하는 기관으로 유명합니다. 무엇보다 독서 프로그램의 질적 제고를 위해 독서리더 양성 과정을 이수한 직원을 중심으로 독서 동아리를 운영하는 모습이 인상적입니다.

독서 동아리는 사내 독서 생활화와 분위기 조성을 위해 도움이 됩니다. 그런데 독서경영 전담 부서에서 관리를 한다거나 아예 자율적인 운영이 되어 버리면 그 효과가 매우 떨어집니다. 그래서 독서 동아리를 잘 이끌어 갈 수 있는 사람을 양성해서 그들을 중심으로 운영하라는 조언을 드리곤 합니다.

한국산업인력공단에서 독서리더 양성 과정을 이수한 직원을 중심으로 독서 동아리를 꾸준히 운영하는 모습은 독서가 자연스럽게 문화로 정착하고 이상적인 모습으로 나아가는데 기여하는 바가 크다고 생각합니다.

앞서 살펴본 예가 조직 내에서의 성과와 관련된 것이었다면 이번에는 독서문화 확산을 위해 직접적(지역사회 도움) 또는 간접적(본보기)으로 도움이 되고자 변화하고 있는 기관의 사례를 소개해드리겠습니다.

먼저 군포시청은 군포시 독서문화진흥조례 제1조에 "책 읽는 군포의 정책을 수립하여 시행함으로써, 시민의 지식 정보 경쟁력을 강화하고 균등한 독서 활동 기회를 보장하여 삶의 질을 개선하는 데 이바지함을 목적으로 한다."라고 명시하였습니다. 군포시청은 군포시 독서문화진흥조례를 수립할 만큼 독서경영에 관심이 많은 기관입니다.

이를 위해 시민 독서생활 실태 조사, 책 읽는 군포 추진 조직 및 인력 개선, 독서정책 거버넌스 기능 강화, 군포 독서리더 장학생 선발·지원 등 다양한 활동을 하고 있습니다. 이런 활동을 토대로 군포시는 '독서 공동체'를 구현하겠다는 비전까지 내세우고 있으니 정말 대단하다는 생각이 듭니다. 한편으로는 너무 독서라는 수단을 강조한다는 우려도 있지만, 시민 독서 운동의 초석을 마련한다는 점에서는 그 추진력과 비전이 인상적입니다.

다음으로 광주광역시 도시철도공사에서는 독서경영의 목표로 '지역사회와 함께하는 배움 활동 전개로 상생협업 네트워크 구축'을 내세우고 있어 눈길을 끕니다. 시(市) 핵심 추진

시책인 '인문도시 광주 구현'에 적극 부응한 것으로, 직원과 시민이 동참하여 독서 캠페인도 하고 일하는 방식 개선과 사회적 가치를 실현하기 위한 변화를 꾀한 점은 놀랍습니다.

구체적인 활동으로는 내부적으로 활성화된 독서경영 분위기 여세를 몰아 시민과 함께하는 다양한 프로그램을 진행하는 모습을 볼 수 있습니다. 문화와 사람이 숨 쉬는 문화메트로를 지향하며 특색 있는 테마역 체험이 가능하고, 역내 유휴 공간을 활용한 지하철 예술 무대에서 지역 예술인들이 전시 및 문화 공연을 펼치고, 복지관과 중·고등학교를 대상으로 찾아가는 지하철 예술 무대, 광주비엔날레 테마열차 운영, 국립아시아문화전당과 협업으로 전체 지하철역별 도서함 설치, 북 콘서트 개최, 고객 행복공간에 디자인 의자와 책장 설치로 시민 편의 공간까지도 제공하고 있습니다. 뿐만 아니라 2019년 9월 중 성황리에 마친 추억의 충장축제에 참여 분위기 조성을 위해 지하철 열차 내 오케스트라 깜짝 공연, 거리 퍼레이드, 축제 기간 내 도시철도 프리섹션 이벤트 등 다채로운 행사를 주도하여 지역민과 소상공인들의 연결고리가 되려는 노력까지 해내고 있습니다.

제가 앞서 우리는 독서경영을 이끈다고 하여 '독서'라는 수단만 생각하지 말자고 말씀드린 적이 있습니다. 광주광역시도시철도공사에서 독서경영 분위기 여세를 몰아 다양하게 시도하고 있는 프로그램이 아마 그 예가 되어 주지 않을까 싶습니다. 지역사회와 함께하는 배움 활동 전개로 상생협업 네트워크 구축을 함에 있어 독서가 시작되고 활용 수단이 되면 충분하지 않을까요? 처음부터 끝까지 독서로 이루어질 필요는 없지 않겠습니까?

정답은 없다.
방향이 있을 뿐

BOOKTACT

저는 여러분이 이 책을 읽고 바로 독서경영의 효과를 극대화하기 위해 '무언가'를 해봐야겠다는 생각을 하지 않길 바랍니다. '독서'는 잠시 잊으시고, 우리 조직의 현재 모습을 내부자의 시각으로 봐야 합니다. 그런 후 우리 조직에서 독서경영을 하려는 목적이 무엇인지 살펴보길 바랍니다. 만약 그게 뚜렷하지 않다면 제가 말씀드린 목적을 따라보길 권합니다.

조직 내 문화를 형성하는 데 정답은 없습니다. 어떤 문화가 좋다 나쁘다고 말할 수도 없습니다. 우리 기업의 산업군에 따라, 운영 형태에 따라, 구성원의 특성에 따라 좋을 수도 있고 안 좋을 수도 있습니다. 그러니까 어느 기업에서 무언가를 했다라는 사실은 그냥 참고삼아 봐둘 뿐 우리 조직에서 현상만 보고 따라할 순 없습니다.

우리 조직의 현재 모습을 진단하고, 우리 조직에 어울리는 스펙트럼 범위를 정하는 것이 먼저입니다. 그리고 그 스펙트럼 안에서 그들이 조직에 어울리는 '나와 너'로 상호 작용할 수 있도록 환경을 만들어 주고, 내부에서 퍼실리테이션하는 것이 중요합니다. '나와 너'의 상호 작용은 단순하게 만남과 관계를 형성한다고 만들어지진 않습니다. 그에 맞는 거리와 계기를 적절히 제공해야겠죠. 그 '적절함'은 독서경영지도사들의 영역이며, 거리와 계기는 독서라는 수단을 통해 충분히 가능합니다. 그렇게 함으로써 사람들이 모여서 관계를 맺고 공동의 목표를 위해 협력하고, 서로에게 배우도록 하는 이상적인 조직 문화를 만들어 가는 겁니다.

성공적인 독서경영이 이루어지기 위해 결론적으로 제가 제시하고 싶은 방향은 바로 이겁니다. 조직적인 차원에서 설득보다는 상호 작용을 택하고, 바람직한 상호 작용을 위해 독서경영지도사를 양성하여 그들을 교육시키고 충분한 역할을 하도록 합니다. 그러는 동시에 독서경영지도사들을 퍼실리테이터로서, 교육자로서, 학습자로서 믿고 지지하고 기다려 주는 것이 필요합니다. 그러면 자연스럽게 구성원은 조직에서 원하는 모습으로 성장하고, 그 성장을 함께 나누며, 지속적으로 성장하는 조직을 만들어 갈 것입니다.

이를 위해 독서경영지도사는 먼저 조직 내부 퍼실리테이터로서 서로 존중하고 지지하는 문화를 형성해야 합니다. '온전한 참여'는 이것이 전제되었을 때 가능하기 때문입니다. 그런 참여가 이루어졌을 때 상호 이해가 이루어질 겁니다. 그리고 나서 상호 이해를 토대로 공유 책임 의식하에 구성원들의 다양한 의견을 수렴할 수 있는 절차를 제공해 주면 됩니다. 그게 조직을 개발하는 활동이자 경험이 될 것이며, 독서라는 수단으로 시작한 작은 변화지만 기업에 혁신을 가져다줄 것이라 확신합니다.

두 번째로 독서경영지도사는 독서교육자로서 역할도 충실히 해야 합니다. 글을 읽고 쓸 줄 아는 것과 독서라는 행위를 하는 건 엄연히 다릅니다. 이를 위해 적용할 만한 독서교육론이나 독서지도 방법론은 다양합니다. 늘 관심을 두고 다른 독서경영지도사와의 교류를 통해 다양한 사례를 많이 접해 보길 권합니다. 그리고 무엇보다 자기 자신이 본인만의 도서 선택 기준에 의해 꾸준히 독서하는 습관을 갖고 있어야 합니다. 몇 권씩 읽으라는 말씀을 드리는 게 아니라 꾸준함을 말씀드리는 겁니다.

마지막으로 학습자로서 본인의 독서 경험을 충분히 공유하고 다른 사람들의 경험에 공감할 수 있어야 합니다. 그리고 무엇보다 성장형 마인드셋(Growth mindset)을 지녀야 합니다. 실패를 경험하더라도 오류를 통해 새로운 깨우침을 얻고, 지식을 강화할 수 있는 마음을 가지라는 겁니다. 우리는 누군가의 변화를 이끌어 내야 하는 역할을 맡은 사람입니다. 그런데 변화에는 비판과 실패가 분명 존재합니다. 그것들로부터 단단해지고 스스로 더 성장하기 위해 성장형 마인드셋은 반드시 필요한 역량이 될 겁니다.

독서라는 행위 자체와 성과가 연결된 청사진을 먼저 제시하였습니다. 이후에는 그 청사진을 이루기 위한 독서문화와 조직 문화와의 연결을 단계별로 살펴보겠습니다.

Interview

북택트 도입은 독서지도부터?

프리랜서 강사로 직장인 독서 모임을 이끌고, 독서법 관련 강의를 하다가 우연한 기회에 독서경영 우수 직장에 입사한 분이 있어 만났습니다. 현재 기업 내 구성원들의 독서 활동을 코칭하고 이끈 지 얼마 되지 않았지만 독서경영에 대한 포부는 남다르다고 말합니다.

작가: 코로나 이후로 독서 관련한 활동에 변화가 있나요?

담당자: 저 같은 경우는 1:1 코칭 요청이나 읽을 만한 책을 추천해 달라는 요청이 많이 늘었어요. 외부 교육을 간다든가 다른 개인적인 활동을 못 하게 되어 그런지 독서에 대한 관심이 늘었거든요.

작가: 그러면 1:1 코칭 요청에 다 응해 주나요?

담당자: 다 응하지 못할 정도로 많진 않아요. 예전에 그런 요청이 없었던 거죠(웃음).

작가: 입사한 기업은 꽤 오랫동안 독서경영을 해 온 기업으로 알고 있는데, 구성원 중에는 여전히 독서가 어려운 사람이 있나 봐요?

담당자: 네, 독서경영을 해 온 건 사실 대표님의 의지로 끌고 온 거지, 직원들은 그냥 읽으라니까 읽고, 대표님이 가끔 책을 선물로 주니까 읽는 척하고 그런 분들도 있어요.

작가: 독서지도 활동은 어떻게 진행하나요?

담당자: 먼저 읽고 싶은 책을 정하는 것부터 시작해요. 어떤 책을 읽고 싶은지, 왜 그 책을 읽고 싶은지, 이 책의 어떤 점이 관심을 끌었는지. 읽고 싶은 책을 정하는 과정에서 대화를 나누며 책에 대한 기대감을 심어 주는 거죠. 읽고 싶게 만들기도 하고. 그런 후에 책을 펴서 읽기 전에 책 제목이나 머리말에 나온 말을 보고 어떤 내용이 있을 것 같은지 이야기를 나눴던 것 같아요. 그리고 그 내용과 관련해서 개인적인 경험은 없었는지, 뭐 비슷한 거라도. 그렇게 독서 활동보다는 수다 활동으로 진행이 되는 것 같습니다.

작가: 그럼 혹시 코칭을 요청하신 분들은 그런 과정을 통해 무엇을 기대하는 걸까요?

담당자: 가장 최근에 코칭을 받으신 분은 자녀에게 책 읽는 습관을 만들어 주고 싶은데, 본인부터 독서가 어렵다는 거예요. 생각해 보니 뭔가 엄청난 걸 기대하는 분은 안 계셨던 것 같고 그런 개인적인 이유들이었던 것 같아요.

작가: 이야기 나온 김에 혹시 역으로 기업에서 직원들에게 독서 활동을 통해 기대하는 바는 무엇이라고 생각하세요?

담당자: 저희 회사 같은 경우는 대표님이나 임원분들이 개인적인 경험으로 책에서 얻은 지식이나 통찰이 있었다고 하시더라고요. 그래서 다른 임직원들도 그런 좋은 경험을 했으면 좋겠다고 하셨어요.

작가: 그럼 이 회사 같은 경우는 독서경영의 목적이 책을 통해 지식이나 통찰을 얻기 위함인가요?

담당자: 저도 사실 요즘 그게 좀 고민이에요. '경영'이라는 단어가 붙었으니 뭔가 가시적인 성과가 있어야겠지만, 지식이나 통찰은 눈에 보이는 성과가 아니잖아요? 그런데 독서를 장려하기 시작하면서 결과적으로 좋아진다는 것은 전적으로 맞아요. 근데 그게 제가 담당자이기 때문에 맞다고 생각하는 걸까요? 잘 모르겠어요.

작가: 프리랜서로 활동하시면서 독서지도를 하실 때는 어떤

목적이었나요?

담당자: 직급별로 주제별로 좋은 책을 소개해 주면서 그런 것
들을 통해 능동적으로 읽어 내는 독자를 키워 내겠다는
생각이었죠. 어떻게 보면 그때는 제가 외부 사람이라 그
런지 기업에 속해 있는 개개인에게 초점이 맞춰져 있었
던 것 같아요. 근데 막상 회사 안에서 독서지도를 하다
보니 이 활동의 궁극적인 지향점은 무엇이 되어야 할지
참 어렵습니다.

독서경영을 통한 성과에 대해 이론적인 지점은 많이 있습
니다. 독서토론을 통해 조직 내 문제의식을 공유한다든가, 학
습 조직의 대안으로 활용한다든가, 핵심인재 양성이라든가.
그런데 실제 기업 내 담당자들을 만나다 보면 그런 이야기는
책에만 존재하는 이야기 같다고 입을 모아 말합니다. 그래서
현재 주어진 일에 집중하여 독서지도 및 독서문화 확산 활동
을 하다가 본인 경력 개발에 대한 고민까지 해본 적이 있다는
담당자도 있습니다. 그렇다면 여러분이 생각하는 지향점은
무엇인가요?

3장

북택트 시작

BOOKTACT

동기 부여하기

BOOKTACT

북택트를 시작함에 있어 독서하는 환경을 잘 형성하는 것도 중요하지만, 무엇보다 구성원들을 참여시키고 활발히 소통하는 것이 중요합니다. 그런데 무엇부터 어떻게 해야 할까요? 이에 대해 저는 뇌 과학에서 말하는 목적 지향성의 발달 과정에서 그 단서를 찾고자 합니다.

뇌 과학에서는 목적 지향적 행동은 결코 간단히 획득된 능력이 아니며, 행동을 선택하여 실행하는 세 단계의 뇌 발달 과정에서 나온다고 말합니다.[1] 첫째 단계는 보상에 의한 접근

---

1   박문호, 『박문호 박사의 뇌 과학 공부』, 김영사, 2017

행동으로 대뇌변연계의 측좌핵에 해당되며, 즐거움이 행동을 촉발합니다. 둘째 단계는 안와전두엽의 가치에 의한 행동 선택이 가능해지는 단계입니다. 여기서는 편도체가 감정 관련 핵심 기능을 하는데 주로 편도체가 생성하는 자극에 대해 좋거나 싫은 반응으로 행동하게 됩니다. 그렇게 가치 기반의 행동을 결정하는 것이지요. 셋째 단계는 목표를 향한 전전두엽의 행동 조절 단계입니다. 사춘기 이후부터 서서히 시작해서 일생 동안 발달하는 전전두엽에 의해 충동 억제력이 강해지면서 작은 즉각적 보상보다는 큰 지연된 보상을 선택하게 되는 것이지요.

무엇을 하게 하기 위해서는 명확한 목표 설정부터 시작해야 합니다. 그러나 그 시작을 처음부터 '목적'에 두면 구성원 개개인의 전전두엽에 이르기도 전에 편도체에서 가치 없는 것 또는 가치를 알 수 없는 것으로 걸러질지도 모릅니다. 그래서 저는 지속성을 지닌 목적 지향 행동을 위해 동기 유발을 위한 노력을 고려해 보려 합니다. 동기가 유발된 학습자의 경우 목표 지향적인 특성을 보이며, 이는 뇌 과학에서 말하고 있는 과정과 많이 닮아 있기 때문입니다.

먼저 동기 유발과 관련된 이론은 다양하지만, 이 책에서는 실제로 활용되고 활용할 수 있는 동기 유발 이론을 중심으로 이야기하고자 합니다.

자아실현 욕구 형성

2019년 독서경영 최우수상을 받은 KB금융그룹은 지식과 정보를 공유·발전해 나가는 '학습하는 문화'의 일환으로 'KB 독서경영'을 추진하고 있습니다. 자아실현의 욕구를 독서를 통해 충족시키겠다는 의미로 보입니다. 그중 그룹 내 직원들에게 책을 추천하는 제도를 운영하고 있는데, '웹상 빠른 협업을 뜻하는 위키(Wiki) 방식'으로 KB 인트라넷에 댓글로 책을 추천하고 감명받은 글귀를 공유하고 있습니다. 인기에 힘입어 PC 기반에서 모바일로 확산을 했다고도 합니다. 그 내용을 보면 KB의 모바일 학습 플랫폼에 짧은 영상과 댓글로 도서 내용을 공유하고 있습니다. 다시 말해 '도서 추천 릴레이 영상'을 스스로 만들어서 게시하고 영상을 본 직원들은 감명 깊은 도서 경험을 댓글로 작성하는 방식인 거죠.

저는 KB금융그룹의 도서 추천 릴레이 영상이 그것에 참여하는 직원들의 자존감을 더 높여 준다고 생각합니다. 본인의 학습 경험을 내보이고, 그것을 공유한 다양한 사람들에게 긍정적인 반응을 얻는다면 자존 욕구가 충족되기에 충분하지 않을까요? 이를 두고 매슬로우(Maslow)의 욕구 위계 이론에서는 긍정적 자아 개념을 확립했다고 말하기도 합니다. 이렇게 매슬로우의 욕구 위계 이론에서 말하고 있는 자존 욕구를 충족시켜 주는 경험은 조직에서도 긍정적으로 작용합니다. 흔히 이런 식으로 긍정적 자아 개념이 발달한 사람은 어떤 과제에서 실패를 하더라도 문제가 무엇인지, 어떻게 하면 성공할 수 있을지 모색하여 다시 도전하려고 합니다. 뿐만 아니라 매슬로우의 욕구 위계 이론에 따르면 자존 욕구가 충족되면 그다음 단계의 욕구인 자아실현 욕구를 충족시키기 위해 행동할 수도 있습니다.

또한 KB금융그룹의 독서 인프라 구축이 이러한 활동을 원활하게 진행할 수 있도록 기여하고 있습니다. KB금융그룹 내의 KB국민은행과 KB국민카드는 온오프라인 연계(Anytime), 어디서나(Anywhere), 끊김없는(Seamless) 디지털 독서 인프라를 구축하고 있습니다. KB국민은행은 자체 물류

시스템을 활용해 전국 영업점 직원들이 온라인으로 도서 대여를 신청하면 1~2일 이내 직접 받아 볼 수 있는 전자도서관을 운영하고 있고, KB국민카드 또한 언제 어디서나 독서할 수 있는 온라인 도서 콘텐츠인 e규장각을 적극 활용하도록 하고 있습니다.

매슬로우의 욕구 위계 이론을 크게 성장과 존재, 결점과 보존 욕구로 나뉘어 볼 때 KB금융그룹의 예는 성장과 존재의 욕구를 적절하게 충족시켜 주고 있다고 평가할 수 있습니다. 무엇보다 인본주의를 기저로 하는 욕구 위계 이론이 개인의 내적 심리 요인을 중시한다고 봤을 때 이와 같은 프로그램은 구성원들의 참여 동기를 유발하기 위한 제도로 보입니다.

숙달 목표 형성 및 집중

인지주의를 기저로 한 드웩(Dweck)의 목표 지향성 이론은 내재 동기를 중시하며, 행동은 사고에 의해 결정된다는 전제를 갖고 있습니다. 따라서 성취 상황에서 학습자가 지닌 목표와 동기를 연결시켜 설명하는 이론입니다. 학습을 위한 목표는 수행 목표와 숙달 목표가 있는데, 이 두 가지 모두 성취의 원동력이 될 수 있다고 봅니다. 단지 이들 중 숙달 목표를 지닌 사람이 지속적으로 학습을 이어가기 때문에 숙달 목표를 형성할 수 있도록 잘 유도하는 것이 동기 유발과 관련한 목표 지향성 이론의 중요한 내용이 됩니다.

수행 목표가 어떤 것을 이루어 내는 수행력에 주목하고 있다면, 숙달 목표는 배워 나가는 학습력에 중점을 둡니다. 그렇기 때문에 수행 목표는 결과 중심적인 성격을 지니고 있으며, 위험 부담을 피하기 위해 쉬운 과제만을 선호하고 부정적인 평가로부터 방어적이라는 특징이 있습니다. 이에 반해 숙달 목표는 과정 중심이기 때문에 학습 과정 자체에 가치를 부여하며 지속적으로 학습을 이어가는 동기를 갖게 됩니다.

2019년 독서경영 최우수상을 받은 또 다른 기업인 한미글로벌은 숙달 목표를 형성할 수 있도록 과제 지향적(task oriented)인 학습을 운영하고 있어서 소개합니다.

한미글로벌은 독서경영의 전략부터 '독서의 핵심 정신은 자발성에 있다. 이에 따라 독서경영은 긍정적인 동기 부여를 함으로써 독서 활동 참여를 독려한다.'라고 밝히고 있습니다. 그 일환으로 구성원 개인·조직별 insight 제고 및 적용 가능한 혁신을 추구하기 위해 모든 팀이 일정에 맞게 팀별 독서토론회를 운영하고 있습니다. 2019 독서경영 우수 직장 사례집에 따르면 2019년 10월 현재 135회의 팀 독서토론회가 진행됐으며, 방식은 지정된 도서를 읽은 뒤에 느낀 점, 실천할 수 있는 것들에 대해 토론하고, 의견을 공유하고 있다고 합니다. 특히 구성원들 스스로가 독서토론회를 통해 어떤 중요한 결과를 내야 한다기보다 마음과 생각을 표현하고 소통하는 것이 중요하다고 느꼈다고 하니, 그 자체로 매우 인상적입니다.

또한 책 읽는 즐거움을 통한 자발적인 독서문화를 정착하고 수평적인 조직 문화를 만들기 위한 북클럽 'Beyond the Book'도 함께 운영하고 있습니다. 이 북클럽에서는 나의 책 소개를 듣고 다른 참석자가 그 책을 사고 싶게끔 하는 '책 광고하기'의 형식을 띠고 있습니다. 그리고 이 프로그램의 운영은 광고 기획자인 TBWA 박웅현 CCO가 리드한다는 점이 특이합니다.

팀별 독서토론회 운영이나 북클럽 운영으로 한미글로벌은 자율성을 기반으로 하여 자연스럽게 숙달 목표를 지닐 수 있도록 유도함으로써 참여 동기를 만들어 가고 있는 또 다른 사례가 될 수 있습니다.

긍정적 수행 경험 형성

롯데홈쇼핑은 '나누는 독서문화'를 위해 도서를 통해 생각과 마음을 나누는 활동에 집중하고 있습니다. 이를 위해 책에 대한 생각을 함께 나누는 독서동호회 'Book Dreamer', 쇼호스트의 목소리를 나누는 'Dream Voice' 등을 운영하고 있습니다. 다양한 독서 관련 프로그램을 시행하며 직원들의 책상에 많은 책이 쌓이게 되자, '이 책을 어떻게 하면 직원들이 서로 공유할 수 있을까?'라는 생각 끝에 사내도서관인 '희로애락 도서관'을 오픈하게 되었다고 합니다.

보통 사내도서관은 독서문화 전파를 위해 환경 조성 차원이나 지역사회 나눔 활동으로 구축하기 마련인데, 롯데홈쇼핑의 사내도서관은 그 탄생 스토리부터가 재미있습니다. 희로애락 도서관은 직원들이 책을 읽으며 느낀 감정을 '희, 로, 애, 락' 네 가지 감정별로 직접 분류하여 책을 꽂을 수 있도록 한다는 점에서 더 특이합니다. 그래서 현재 사내도서관은 직원들의 생각 공유뿐만 아니라 CEO 및 독서동호회 추천 도서를 공유하는 공간으로도 활용되고 있다고 합니다.

이 사례를 보고 저는 반두라(Bandura)가 제시한 자기 효능감 이론이 떠올랐습니다. 자기 효능감은 특정한 상황에서 적절한 행동을 할 수 있다고 믿는 자신의 능력에 대한 개인적 기대와 신념을 말합니다. 그래서 자기 효능감이 높게 형성된 사람은 자신이 과제 수행을 통제할 수 있으며, 성공적인 결과를 얻을 것이라는 신념을 갖게 됩니다. 그리고 이러한 신념이 동기가 되어 높은 목표를 설정하고 그 목표에 도달하기 위해 노력을 하게 되는 것이죠.

반두라에 따르면 자기 효능감은 기존에 본인이 수행했던 과제에 대한 경험으로부터 영향을 받는다고 합니다. 자신의 이전 경험과 수행이 성공적일 경우 자기 효능감이 높아지며, 자기 효능감이 높은 학습자는 학습 수행의 결과가 성공적으로 나타날 가능성이 높아지는 거죠. 이렇게 수행과 효능감은 상호 영향을 미치게 됩니다.

이러한 관점에서 봤을 때 롯데홈쇼핑에서 사내도서관을 유지해 가는 방식은 참여의 문턱을 낮추고 그 수행에 따른 경험을 긍정적으로 만들어 가고 있는 것으로 볼 수 있습니다. 가장 일차원적으로 책상에 쌓여 있는 책을 정리하게 되고, 나아가 나뿐 아니라 다른 사람들이 느낀 감정의 분류를 언제든 쉽게 보면서 공감할 수 있는 기회를 제공하기 때문입니다. 또한 도서 기증 시 임직원들에게 자사몰 적립금을 지급해 주는 혜택을 부여하여 직원들이 적극적으로 도서 기증에 참여하며 더욱 의미 있는 도서관을 오픈할 수 있게 되었으니, 나누는 독서문화 속에서 자기 효능감이 충분히 높아졌을 거라 생각합니다.

동기 유발 교수 모형

BOOKTACT

앞서 살펴본 동기 유발 이론은 전사적(全社的)으로 환경을 구축할 때 참고하기에 유용합니다. 그런데 조직 내부에서는 구성원별로 독서지도를 할 경우 좀 더 구체적인 학습 모형이 필요합니다. 이에 학습 지도자로서 알아야 할 대표적인 동기 유발 이론 두 가지만 학습하겠습니다.

먼저 동기 유발의 일반 모형인 ARCS 모형은 켈러(Keller)에 의해 개발되었습니다. 이른바 학습 동기는 네 가지 요인의 상호 작용을 통해 이루어지는데, 각 요인의 앞 글자를 딴 것이

ARCS 모형으로, 내용[2]은 다음과 같습니다.

ARCS	전략
주의 집중 (Attention)	〈학습 과제에 대한 흥미도〉 · 학습에 대한 호기심 자극을 통해 학습의 흥미 획득 · 시각적 자료 사용, 호기심이나 신비감을 유발할 수 있는 질문 사용 · 적절한 난이도의 학습 문제 제시 · 다양한 유형의 학습 자료 사용
관련성 (Relevance)	〈학습의 필요와 목적에 대한 인식도〉 · 현재 학습자들에게 줄 수 있는 이익 인식 · 학습자의 동기와 가치에 부합되는 수업 내용으로 긍정적인 태도 유발 · 학습자들에게 친밀한 개념, 과정, 기능 등을 예를 들어 설명
자신감 (Confidence)	〈학습자의 성공에 대한 신념〉 · 분명한 학습 목표를 제시하여 학습자 스스로 자신의 학습 과정을 통제 · 학습 목표를 성취하기 위한 구체적인 방법이 무엇인지 명확히 제시
만족감 (Satisfaction)	〈학습자의 성취에 대한 보상〉 · 내적 강화: 실제 상황에서 활용 기회 제공 · 외적 보상: 학습 수료 후 긍정적인 보상 제공 · 공정성: 사전에 공지한 기준과 방식에 따라 평가

2　이희수, 「학습자에 대한 동기부여 방안」, 임금연구 봄−연구논단, 2011

북택트: BOOKTACT

다음으로 우로드코우스키(Wlodkowski)는 성인 학습 지도에서 동기의 중요성을 지속적으로 강조한 학자입니다. 그는 학습자 사이의 다른 문화를 존중하고 학습 환경에서 모든 학습자들이 수용할 수 있는 공통의 학습 문화를 조성하기 위해 '문화에 반응하는 강의를 위한 동기 부여 체계'를 제시했습니다. 그가 제시한 체계는 포용(Inclusion), 태도(Attitude), 의미(Meaning), 역량(Competence)으로 구성되어 있으며, 내용[3]은 다음과 같습니다.

구분	질문	동기 전략	학습 활동
포용 (도입)	우리가 존중받고 다른 사람과 연결되었다는 것을 느낄 수 있는 학습 분위기를 어떻게 조성할 수 있을까?	협동 학습	무작위로 소그룹을 만들어 학습자들의 관심, 경험과 기대를 공유하고 목록을 작성함
태도 (도입)	개인적 연관성과 선택을 통한 학습에 대한 우호적인 성향을 어떻게 조성할 수 있을까?	연관된 학습 목표	학습자에게 연구하기 원하는 주제를 선택하라고 질문함
의미 (지속)	학습자의 관점과 가치를 포함하는 도전적인 학습 경험을 어떻게 만들 수 있는가?	비판적 질문과 예상	예측을 위해서 필요한 질문들을 만들 연구팀을 구성하여 질문과 예측을 기록함

3 　이희수, 「학습자에 대한 동기부여 방안」, 임금연구 봄-연구논단, 2011

구분	질문	동기 전략	학습 활동
역량 (마무리)	학습자들이 그들이 가치 있고 실제 업무와 같다고 느낄 수 있는 어떤 것을 효과적으로 학습했다는 공감대를 어떻게 만들 수 있는가?	자기 진단	예측을 검증한 후, 학습 과정을 통해 배운 것과 소감을 질문함

학습에 대한 동기 부여는 성인 학습자에게 절대적으로 요구됩니다. 물론 아동 및 청소년들에게도 요구되기는 하지만 차이가 있다면 성인의 학습 동기는 매우 복잡하다는 겁니다. 그래서 이 책에서 다루지 못한 동기 이론도 많이 있습니다. 어쨌든 분명한 건 조직 내에서 새로운 시도를 이끌어 내는 사람이라면 교육과정의 설계, 강의, 퍼실리테이팅, 환경 조성 등에 모두 동기 이론을 적용해야 한다는 사실입니다. 그래서 어쩌면 독서경영지도사는 독서지도를 시작으로 독서경영을 본격적으로 이끄는 것이 아니라 동기 부여 담당자로서 그 역할을 시작해야 할지도 모르겠습니다.

북택트: BOOKTACT

독서 관련 실태 조사는
독서경영에 도움이 되는가?

이번에는 사내에 독서경영을 도입하려다가 철회한 기업의 담당자를 만났습니다. 현재 조직 문화 업무를 담당하고 있으며, 12년 차 직장 생활 중 2년의 교육 업무와 3년의 조직 문화 경력을 갖고 있습니다.

작가: 회사에서 독서경영을 도입하려고 고려했던 이유는 무엇이었나요?

담당자: 저희는 본사에 있는 직원들보다 다른 지점에 근무하는 직원이 많습니다. 그중에는 특히 해외에 계시는 직원들도 많고요. 그래서 회사에서 직접적으로 교육을 제공하는 것에도 한계가 있고, 근속 연수가 긴 직원들도 많아 자율적인 학습을 독려하고자 했습니다. 그것을 가장 잘 실현할 수 있는 방법이 독서경영이라고 들어서 고려를 했습니다.

작가: 그럼 결국 도입을 하지 않았던 이유는 무엇인가요?

담당자: 도입을 하기 전에 직원들을 대상으로 설문 조사를 시행했어요. 물론 독서경영에 대한 설문 조사만 했던 건 아니었고요, 1년에 한 번씩 조직 문화 실태 조사를 하는데 문항을 더 추가해서 독서경영과 관련된 의견을 받았지요.

작가: 혹시 독서경영과 관련해서는 뭐라고 문항을 내보냈는지 여쭈어도 될까요?

담당자: 저도 시간이 지나서 정확히 문구는 기억이 나지 않습니다. 대략적으로 독서를 통한 학습에 대한 기대감, 독서에 대한 인식 조사, 뭐 이런 식이었습니다.

작가: 그런데 직원들의 인식이 부정적이었군요?

담당자: 네, 맞습니다. 게다가 대표님께서도 경영자 포럼 같은 곳에 다녀오셔서 고려를 해보려고 하신 거지, 그렇게 의지가 강했던 건 아니었어요.

작가: 담당자님께서는 그 결과에 대해 어떻게 생각하시나요?

담당자: 저는 우선 그런 조사 자체가 좀 의아했어요. 도입을 하고 난 후 동기 부여를 하거나 학습에 대한 기대감을 엄청 심어 줘도 진행에 대한 고민을 많이 하게 되는데, 도입에

북택트: BOOKTACT

대한 의견을 직접적으로 묻는다니요. 물론 시행 대상이 될 직원들의 의견을 물어서 주체적인 결정권을 주는 의도는 이해합니다. 그러나 직원들이 독서를 통한 학습에 대해 기대감을 체크할 때 정말 진실하게 기대하는 정도만 생각하고 답했을지 잘 모르겠습니다.

작가: 네, 무슨 말씀인지 알 것 같습니다. 사실 저도 현업에 있을 때 조직 문화 실태 조사를 하면 직원들이 응답하는 객관적인 숫자가 정말 그 문항에 대한 객관적인 마음을 보여 주는 건지 의심을 했거든요.

담당자: 네, 동의합니다. 그래서 저는 가끔 독서경영을 추진하는 회사에서 독서 관련해서 직원들에게 설문 조사를 한다고 하면 저게 진짜 도움이 되는 걸까 하고 생각을 합니다. 오히려 직원들이 원하는 독서문화의 모습을 인터뷰한다든지, 상호 기대하는 바를 명확하게 이야기하는 자리가 더 나을 것 같기도 하고요.

우연히 듣게 된 아주대학교 김경일 교수의 강연에서 이런 말을 들은 적이 있습니다. "19세기에 들어오면서 자연과학이 급속도로 발전하기 시작합니다. 자연과학이 발전했다는 것은 이 세상에 존재하는 수많은 현상을 숫자라는 단일 표기체로 표현하는 것이 가능해졌다는 것이에요. (중략) 철학자 중 일부가 '사람의 마음도 숫자로 표현할 수 있다면 얼마나 좋을까?' 하고 생각을 합니다."

우리는 조직에서 조직원들의 마음과 인식을 숫자로 표현한 데이터를 얻고 있습니다. 이게 정말로 신뢰할 수 있는 결과일까요? 내가 생각하는 5점의 강도와 다른 사람이 생각하는 5점의 강도가 같지 않은데 표기하는 수단만 같은 게 어떤 의미를 줄지 여전히 의문이 듭니다.

4장

인프라 구축 단계

BOOKTACT

BOOKTACT

도서 선정 및 관리

'무언가' 안(案)을 내야 하는데 그게 잘 떠오르지 않을 때 보통 무엇을 하시나요? 현업 담당자들은 특히 공감하겠지만, 우선 다른 회사의 사례를 찾아봅니다. 분명 다른 회사의 사례를 찾아보면 생각하지 못했던 지점들도 보이고, 당장 도입해도 괜찮을 것 같은 아이디어가 생기기도 합니다.

그러나 우리 조직의 문화를 형성하기 위한 고민이라면 저는 다른 회사의 사례를 먼저 찾아보는 것을 권하지 않습니다. 다른 회사에서 무언가를 했다는 현상만으로 우리 조직에 대입하는 건 무리가 있기 때문이죠. 다시 말해서 그 회사에서는 무엇을 목적으로 두고, 어떤 목표를 달성하기 위해, 무슨 의도로 그런 활동을 했는지 눈에 보이는 현상만으로 알기 어렵다는 뜻입니다. 그러므로 우리는 사례 학습을 할 때 늘 염두에 두어야 하는 것이 있습니다.

"현상만 보지 말 것."

그런 의미에서 우리는 앞서 독서경영의 성과 및 목적에 대해 '만남을 통한 성장'이라고 특정한 바 있습니다. 그리고 그 목적을 이루기 위해 1단계 목표를 문화 형성, 다시 말해서 관계와 만남이 일어날 수 있는 환경을 조성하는 것이라 정해 보았습니다. 이것이 우리가 이번 장에서 다른 회사의 사례를 볼 때 염두에 두어야 할 프레임이라 다시 한번 환기시키는 차원에서 말씀드렸습니다.

사내에서 독서경영을 담당하는 사람이라면 누구나 도서 선정에 어려움을 겪으실 거라 생각합니다. 저 또한 현업에 있을 때 사내도서관을 여러 번 구축하고 운영한 경험이 있었으며, 독서토론 및 도서 선정 위원회에서 역할을 한 적이 있는데 그럴 때마다 러시아를 대표하는 위대한 작가 겸 사상가인 톨

스토이(Толстóй)의 말이 떠올랐습니다.

때로 독서란 독자를 가르친다기보다 머리를 도리어 산만
하게 한다. 덮어놓고 많은 책을 읽는 것보다 몇몇 좋은 저
자의 책을 골라 읽는 편이 훨씬 더 유익하다.

혹자는 외부에서 책을 추천해 주는 서비스, 큐레이션 해
주는 전문가, 주기적으로 도서관 내의 책을 바꿔 주는 서비스
등 다양하던데 왜 활용해 볼 생각을 하지 않느냐고 합니다.
저 또한 활용해 보긴 했지만, 딱 마음에 들게 운영되지는 않
았습니다. 이건 비단 저만의 생각이 아니라 외부 서비스에 의
존하는 담당자는 솔직한 말로 편의를 위한 거라는 이야기를
당사자에게 여러 번 들어왔습니다.

우선 책을 고르는 기준으로 대표적인 것이 양서(良書)와
적서(適書)가 있는데, 외부 서비스를 받아보면 분명 양서를 추
천해 주는 것은 맞는데 적서는 아니었던 겁니다. 좋은 책이 정
말 '좋은' 책의 역할을 하려면 책을 접하는 사람의 독서 능력
이나 상황, 독서 수준에 적합한 책이어야 합니다. 그게 바로

적서의 의미이기도 하지요. 그러나 우리 조직에 있는 구성원들의 개인차, 개별차를 인정하고 다양성에 초점을 두어 적서를 고르는 일이란 거의 불가능에 가까운 일입니다.

이에 대해 브랜드 매장이 아닌 라이프스타일의 거점이 되려는 기업들의 공간이 생겨나는 현상을 보며, 조직이 추구하는 방향과 어울리는 적서 공간을 만드는 것도 좋은 방법일 거란 생각이 들었습니다. 아모레퍼시픽 본사의 도서관과 현대카드가 운영하는 주제별 라이브러리가 바로 그 예입니다.

먼저 아모레퍼시픽 본사 1층에는 미술전시도록 전문 도서관이 있습니다. 아모레퍼시픽은 화장품, 생활용품, 건강식품 등을 생산·판매하는 우리나라의 대표적인 화장품 기업 중 하나입니다. 그냥 생각했을 때는 화장품 기업에서 왜 미술전시도록 전문 도서관을 운영하는지 의아할 수도 있습니다. 그러나 아모레퍼시픽은 아름다움의 문화를 창조하는 기업임을 표명하고 있기 때문에, 브랜드 호감도를 올리고 라이프스타일의 거점으로 자리매김하는 의도로 아주 의미 있는 시도라할 수 있을 것 같습니다. 또한 이 경우 도서관의 자료는 도서

관의 이름이 '미술전시도록'인 만큼 크게 고민하지 않고 비치할 수 있는 장점도 있습니다.

이와 유사한 장소가 현대카드가 운영하는 주제별 라이브러리입니다. 현대카드는 현재 트래블, 디자인, 쿠킹, 뮤직을 주제로 네 곳의 라이브러리를 별도로 운영하고 있습니다. 쾌적한 실내에서 다양한 문화 콘텐츠를 즐길 수 있는 공간이라는 점에서 매우 의미가 있습니다.

특히 쿠킹 라이브러리에는 각종 요리법과 음식 서적들로, 디자인 라이브러리에는 한정판 아트북과 희귀 도서를 비치하여 그 특성을 잘 살려내고 있습니다.

앞서 살펴본 두 기업의 사례가 라이프스타일의 거점으로서 공간을 운영한 것이라면, ㈜이랜드리테일과 한국산업인력공단의 사례는 회사 업종에 맞게 개방형 서가를 운영하고 있는 사례로 볼 수 있습니다.

먼저 이랜드리테일은 1층 카페테리아 공간을 북 카페로

활용하고 있습니다. 이랜드리테일의 필독서 및 패션 관련 자기 계발 도서를 함께 비치하여 누구나 자유롭게 책을 이용할 수 있도록 지원하는 한편 미니서점에서는 할인된 가격으로 필독서를 구매할 수 있습니다. 이곳의 특징은 5층에 패션연구소 도서관을 운영하고 있다는 점입니다. 이는 이랜드리테일의 핵심 콘텐츠인 PB(Private Brand, 자사 브랜드)와 SPA 브랜드의 디자이너, MD들이 다양한 영역에서 학습할 수 있는 공간으로 조성되었다고 합니다. 또한 최근 기사에 따르면 마곡 글로벌 R&D 센터가 2021년 6월에 완공되면 라이브러리 사업의 경우 그룹 특성에 맞는 패션, 유통, 외식과 관련한 콘텐츠로 꾸며질 것으로 보인다고 하니 기대됩니다. 어쩌면 이랜드리테일도 앞서 살펴본 아모레퍼시픽이나 현대카드와 같은 모습을 보여 줄 수 있을 것 같습니다.

한국산업인력공단 본부 2층에는 사내도서관인 HRD도서관이 있습니다. 이곳은 보유하고 있는 총 4만여 권의 도서를 자유롭게 대출할 수 있도록 운영하고 있습니다. 또한 반기별로 임직원 희망 도서를 조사하고, 이를 바탕으로 신간 도서를 구입·비치하여 지속적으로 독서 활동을 지원하고 있습니다.

이처럼 도서 선정은 구성원들의 다양성에 초점을 맞출 수 없다면 기업의 업종에 맞게 서가를 운영하고 직원들에게 추천하는 것이 일반적입니다. 왜냐하면 도서 선정의 과정 중 첫 번째인 계획 수립 단계에서 왜 그 책을 읽히려는지 목적이 뚜렷해지기 때문입니다. 그런데 기업의 업종이 광범위하거나 너무 특화되어 업종에 맞는 도서 선정이 어려운 경우도 있습니다. 이런 경우 저는 다음과 같은 제언을 드립니다.

첫째, 우리 조직의 독서경영 문화 단계를 냉정하게 판단하세요. 아직 독서문화 인프라도 제대로 구축이 되지 않았고, 독서문화가 형성되지도 않았는데 도서 선정부터 서두르는 것은 의미가 없습니다.

둘째, 장기 계획보다는 단기 계획을 세우되, 호흡은 길게 가지세요. 독서 계획을 수립하는 단계에서 지나치게 장기 계획을 세운다는 건 그걸 하지 않겠다는 담당자의 의지라는 뼈 있는 농담도 있습니다. 구성원들의 흥미 요소와 수준을 고려해서 적당한 수준으로 도서를 선정할 계획을 단기적으로 가지시길 바랍니다. 그러나 단기적으로 무언가를 이룰 생각을 하고 계획을 세운다면 제대로 해보기도 전에 지칠 수도 있으니 호흡을 길게 가져야 합니다.

셋째, 조직의 특성을 반영하되, 편향되지 않은 보편적 기준을 갖고 선정하세요. 여기서 편향되지 않은 보편적 기준을 유지하기 위해서 도서 선정 위원회를 둘 것을 권합니다.

이 도서 선정 위원회가 도서 선정의 두 번째 단계인 방법론 합의 단계입니다. 독서경영을 도입하려면 당장 어떤 책을 선택해야 하고, 고른 책을 어떻게 읽어야 할 것인가 등의 기초적인 문제에서부터 고민이 시작됩니다. 독서경영을 시도하는 기존 기업들의 사례를 보면 경영진이 주도하여 도서를 선정하는 경우가 많았습니다. 이런 경우 분명 빠르게 책 읽는 분위기를 만드는 데 기여할 수 있습니다. 그러나 지나치게 목적성이 개입될 우려와 오해로 성공한 방법론이 되지는 못했습니다. 그렇다고 해서 직원들 자율에만 맡기는 경우 체계성 및 일관성이 결여되어 그 또한 성공한 방법론이 아니었습니다.

이에 이랜드리테일의 사례와 서린바이오사이언스, DY 등 성공적으로 구성원들에게 도서 선정을 해주는 사례를 보면 도서 선정 위원회가 별도로 구성되어 있음을 알 수 있습니다.

도서 선정 위원회는 고정된 인원이 있어도 좋고, 다양한 조직
에 여러 직급의 사람들이 함께해도 좋습니다.

그렇게 방법론이 합의가 되면 독서를 권장하기 위해 작성
된 각종 추천 도서 목록, 필독서 목록 등을 이용할 준비가 되
었다고 봅니다. 그래서 신문이나 잡지에 게재된 도서 소개나
독서와 관련된 기사 및 출판 광고를 활용하는 것입니다. 도서
소개나 출판 광고를 활용할 때는 비판적인 시각이 필요하며,
도서 선정의 안목을 길러 무조건적인 수용은 지양하도록 합
니다. 또한 비판적인 시각에 있어 좀 더 전문적인 시각이 필요
하다면 외부에서 전문가를 초빙하여 도움을 받는 것 또한 도
움이 됩니다.

도서 선정의 안목을 기르는 눈은 결코 하루아침에 생기지
않습니다. 그래서 평소 주위 사람들과 독서에 관한 정보를 교
환하거나 서점과 도서관에 자주 들러 출판 도서의 동향이나
흐름을 파악하고 책에 대한 안목을 넓히는 것도 중요합니다.
지역도서관이나 공공도서관 등에 방문할 경우에는 한국 십진
분류표(KDC)를 참고하여 분야별 도서를 접하는 것도 도움이

될 것입니다.

참고로 한국 십진분류표는 1964년 5월 31일 한국도서관 협회가 우리 실정에 맞게 제정한 표준 분류법으로 모든 도서 관, 자료실 및 일반 서점에서 분류의 기준으로 활용하고 있으 니 미리 알고 있으면 도서를 찾을 때 도움이 될 것입니다.

이런 단계를 통 도서 선정을 잘하는 조직으로 흔히 알 려진 곳 중 하 앞서 말씀드렸던 이랜드리테일입니다. 이랜 드리테잌 매년 경영과 마케팅 등 4개 카테고리를 15개 분야 나뉘어 총 400여 권의 도서 목록을 도서 선정 위원회가 새 롭게 작성합니다. 그런데 기업 차원에서의 고민을 경쟁업체에 서 유추할 수 있다는 점에서 목록을 대외비(對外秘)로 관리한 다고 합니다. 이렇다 보니 이랜드리테일이 선정한 필독서는 퇴 직한 직원들이 문의할 정도로 신뢰성을 갖는다는 후문도 있 습니다.

그 외에도 분야별·직급별로 도서 선정을 다양하게 하고, 도서 목록을 계속해서 보완해 나가는 서린바이오사이언스의 노력도 시사하는 바가 크다고 할 수 있습니다.

책 읽는 분위기 형성

BOOKTACT

도서를 선정하는 고민을 마쳤으니 다음으로는 구성원들에게 독서 여건을 마련해 주는 일도 고민을 해야 합니다. 먼저 가장 보편적이고 많이 취하는 방법이 직원들에게 도서 구입비를 지원하는 형태입니다. 이는 많은 분들이 알고 계실뿐만 아니라 기업마다 기준이 다 다르기 때문에 별도로 언급하진 않겠습니다. 무엇보다 우리가 지금 보고 있는 것은 관계와 만남이 일어날 수 있는 환경을 만드는 것이니까요.

처음으로 볼 사례는 군포시청입니다. 군포시청은 2014년, 2016년에 독서경영 최우수상을 받은 기관으로 '책과 독서의 명품 도시'라는 비전을 내세우고 있습니다. 그래서 책 읽는 도시를 이끌어 가는 모든 직원들이 책을 가까이 하고 인문학적 소양을 갖추어 시민 독서 운동의 초석을 마련할 수 있도록 독서경영을 운영하고 있습니다.

책 읽는 분위기를 형성하기 위한 군포시청의 첫 번째 노력은 매일 17:30~18:00에 독서 권장 방송과 함께 전 직원이 하루 책 읽기 운동을 실시하는 것입니다. 독서 권장 방송은 전 공무원이 참여하여 운영한다고 하니 놀라운 시도라 하겠습니다. 게다가 단순히 방송을 내보내며 책 읽기 운동을 하는 게 아니었습니다. 독서 권장 방송일 중 하루를 지정하여 '내 마음의 한 줄'이라는 주제로 라이브 방송도 진행한다고 합니다.

군포시청에서 책 읽는 분위기를 형성하기 위해 노력한 두 번째 운동은 책 들고 출·퇴근하기입니다. 부서장을 중심으로 '책 들고 다니기 운동'을 하며 독서 활동을 장려한 것이지요. 그냥 생각하기에는 별것 아닌 것 같아도 지속적인 행동은 습관을 만들고, 좋은 습관은 흥미와 관심을 끌기에 충분합니다. 게다가 군포시청 같은 경우는 '책의 나라 군포'가 새겨진 책갈

피를 제작하여 배포하고 있으며, 이를 통해 독서를 지속적으로 독려하고 홍보하는 효과를 얻었다고 합니다.

다음으로 볼 사례는 휴넷입니다. 휴넷은 '세상에서 가장 공부 많이 하는 회사, 가장 책 많이 읽는 회사'를 표방하고 있습니다. 휴넷의 조영탁 대표이사도 다독가로 유명하며, 직원들에게 책 읽기를 늘 강조하고 스스로 솔선수범하는 모습을 보인다고 합니다. 무엇보다 휴넷에서 책 읽는 분위기 형성을 위해 운영하는 프로그램 중 '프라이러닝 데이(Fri-Learning Day)'가 특이합니다.

휴넷은 매주 금요일을 프라이러닝 데이로 정하고 자유롭게 언제든지 학습하는 날로 운영하고 있습니다. 매주 20%를 자기 계발 시간으로 회사 차원에서 확보해 주고 있기에 임직원들은 자유롭게 다양한 독서 및 학습을 할 수 있다고 합니다. 또한 프라이러닝 데이 외의 업무시간 중에도 필요하면 자유롭게 독서가 가능한 분위기라는 이야기도 있습니다.

휴넷의 프라이러닝 데이 사례를 봐도 그렇지만 책 읽는 분위기를 형성한다는 것은 꼭 책을 통해서만 학습하라는 의미는 아닙니다. 단지 기업에서 독서경영이라는 것을 택하여 운영을 할 때 직원들에게 '알아서' 따라오라는 식의 요구는 상호 간에 도움이 되지 않는다는 겁니다. 그래서 군포시청이나 휴넷 이외에도 책 읽는 분위기, 나아가 학습하는 분위기를 형성하기 위해 노력하는 기업의 사례들이 많음에도 불구하고 직접적으로 구성원들에게 물리적인 시간을 제공하는 사례만 골라서 소개를 해 보았습니다.

읽고 나누는 분위기 확산

BOOKTACT

한국동서발전㈜은 국내 최초로 전자도서관리 애플리케이션(application)을 독자적으로 개발하여 운영한 것으로 이미 유명합니다. 한국동서발전의 직원들은 개인별 스마트폰으로 전자도서관리 애플리케이션을 다운받아서 도서 조회, 대출, 반납, 희망 도서 신청, 감상평 작성 및 공유 등 실시간으로 독서와 관련된 통합 정보를 제공받을 수 있지요.

이처럼 한국동서발전이 국내 최초로 애플리케이션을 개발해서 직원들에게 서비스를 제공했다는 점은 독서 후 이를 나누는 분위기를 만들고자 했던 노력으로 손꼽을 수 있습니다.

뿐만 아니라 초보자를 대상으로 한 독서경영 프로그램이 별도로 있어서 독서 습관화를 위한 다양한 노력도 하고 있습니다. 사실 읽고 나누는 활동은 겉으로는 좋아 보이지만 실제 겪어봤을 때 준비가 잘 안 된 사람이나 초보자에게는 매우 힘든 활동입니다. 그래서 한국동서발전에서 독서문화 정착을 위한 전략적 PRG 개발 및 시행을 하는 활동은 읽고 나누는 분위기를 확산함에 있어 크게 기여할 수 있을 것이라 생각합니다.

다음으로 볼 사례인 서린바이오사이언스는 누구나 언제든지 이용 가능한 도서실이 설치되어 있는 것은 물론이고, 팀별 또는 부서별 미니문고가 별도로 설치되어 있다는 특이점이 있습니다. 그래서 개인의 취향에 맞는 도서를 보관할 수 있도록 하는 겁니다.

서린바이오사이언스는 지식경영시스템을 통하여 독서경영에 대한 정보 및 내용을 게시하여 전 임직원이 공유할 수 있도록 합니다. 특히 월별 독서경영 게시 현황을 게재하여 다른 직원들이 어떤 도서를 읽었는지 알 수 있으며, 좋은 도서는 서로 추천함으로써 직장 내 독서경영 문화를 지속시키고 있습니다. 그런데 여기에 미니문고가 별도로 설치되어 있음으로써 읽고 나누는 문화가 온라인에서 뿐만 아니라 오프라인에서도 이루어질 수 있다는 장점이 있습니다.

예전에 제가 만난 어떤 담당자는 필독서 목록 관리만 잘하면 되지, 도서 추천은 왜 하느냐고 물어온 적이 있었습니다. 그때 제가 그분께 해드렸던 말이 생각이 나네요.

"무엇이든지 지속성을 갖기 위한 방향은 일방적인 것보다 쌍방향이어야 좋습니다. 특히 독서는 같은 내용을 보고도 느낀 점이 다르고, 생각하는 지점도 다릅니다. 그렇기 때문에 쌍방향인 지점을 잘 자극하면 재미있게 지속성을 끌어낼 수 있지요. 그러니 하지 않을 이유가 없겠죠?"

직원들의 의견 반영

BOOKTACT

한국수력원자력㈜은 '독서를 통한 신뢰받는 글로벌 에너지 리더 달성'이라는 독서경영 비전을 가지고, 2005년부터 본격적으로 독서경영을 실천하고 있는 기관입니다. 또한 자발적 독서 학습을 통해 '전문 지식과 인문학적 소양을 갖춘 창의 융합 인재 양성'이라는 독서경영의 목표를 세우고, 이러한 목표를 달성하기 위해 다양한 독서 프로그램을 활발하게 운영하고 있습니다. 특히 한국수력원자력은 다양한 독서 프로그램을 운영함에 있어 독서경영의 성공적 정착을 위해 임직원들의 의견을 반영하고 있습니다.

그렇게 의견을 반영하기 위한 노력은 2014년 북러닝 프로그램 도입 이후이며, 임직원들의 의견을 지속적으로 반영하여 지원 규모 확대(해외·교대근무자), 각종 인프라 개선(모바일 러닝 시스템 제공), 맞춤형 학습시스템 구축(다양한 도서 정보 제공), 서평집 발간 등을 시행한 바 있습니다.

뿐만 아니라 본사 도서관 운영과 관련하여 직원 건의사항 수렴을 위한 도서관 내 건의사항 접수함을 마련했으며, 직원들에게 희망 도서를 상시 접수 받아 매월 신간 도서를 구매하고 도서관에 비치하는 노력을 하고 있습니다.

한국수력원자력이 프로그램 운영상의 개선을 위해 직원들의 의견을 듣는다면, DY는 독서경영 운영 현황을 조사하기 위해 설문 조사를 실시하고 있습니다. 매년까지는 아니더라도 주기적으로 독서경영이 잘 운영되고 있는지 실태를 조사하는 것이라 합니다. 이 설문 조사를 통해 DY에서는 임직원들의 독서 능력 향상을 위해 독후감 작성을 간소화하고, 기존의 독후감을 평가하던 것을 독후감 피드백 강화로 변경하는 노력을 실시했습니다. 뿐만 아니라 독서교육 프로그램을 개발하고, 임직원들의 독서 능력 향상을 위한 특강 등 구체적인 시행 계획을 내보이고 있습니다.

앞서 저는 담당자와의 인터뷰를 통해 독서경영 실태 조사에 대한 부정적인 견해를 밝힌 바 있습니다. 이는 엄밀하게 구분해서 실태 조사로 나온 수치를 신뢰하여 의사 결정 판단의 기준으로 삼는 것에 대한 부정적인 견해임을 밝히니 오해가 없으셨으면 좋겠습니다.

한국수력원자력이나 DY의 사례는 실태 조사 그 자체보다는 직원들과 1:다수 간 소통의 수단을 취하여 실세 내용을 반영하고 있는 모습을 보이고 있는 것입니다.

이상과 같이 관계와 만남이 일어날 수 있는 환경을 조성하기 위한 활동으로 도서 선정에 대한 고민, 책 읽는 분위기에 대한 고민, 읽고 나누는 분위기 확산에 대한 이야기, 직원들과의 소통에 대한 이야기까지 나눠봤습니다. 이 외에도 인프라 구축을 위한 활동은 기업마다 다양하게 고민하고 또 시도하고 있을 거라 생각합니다. 그럼에도 불구하고 이 정도로 이야기를 드린 이유는 그 외의 활동은 독서문화 정착을 위한 독서경영 활성화 활동과 함께할 때 시너지 효과를 내기 때문입니다.

    이번 장에서 이야기한 네 가지는 본격적인 활동에 들어가기 전 인프라 구축 단계에서 우리 조직에 맞게 고민을 해보셔야 할 사항이며, 이후 단계를 시행하고 있다고 해도 정형화되지 않은 상태로 언제든 유동적으로 대응할 수 있도록 해둬야 할 것임을 당부드리고 싶습니다.

독서경영 전담 부서 고민

이번 인터뷰 글의 주인공은 제가 현업에 있을 때 우연히 알게 된 다른 회사 담당자입니다. 이분은 당시 직장 생활한 지 1년 된 새내기 사원이었으며, '타사 독서경영 전담 부서 사례 인터뷰'라는 주제로 다른 회사 시니어급 담당자를 만나는 것이 내부 과제라 저를 찾아온 것이었습니다. 대략적으로 메모한 내용을 바탕으로 인터뷰를 재구성한 거라 다소 어색하더라도 양해 부탁드립니다.

담당자: 도서 선정 위원회에 요구되는 전문성은 어느 정도 수준이라고 생각하시나요?

작가: 무엇보다 우리 조직에 대한 이해도 있어야 하고, 현업에 대한 다양한 경험도 필요하고, 조직 내 구성원들과의 소통 능력도 뛰어나야 하겠죠. 저는 독서경영이라는 기법에 대한 이해나 독서지도라는 전문적인 분야에 대한 지

식보다 앞서 말씀드린 역량을 갖춘 분들이 독서경영 전담 부서원이면 좋을 것 같습니다.

담당자: 이 회사에서는 독서경영 전담 부서가 어떻게 이루어져 있나요?

작가: 안타깝게도 현재는 기존 조직을 활용하는 수준입니다. 그로 인해 발생하는 문제를 보완하기 위해 별도의 전담 조직이나 TF까지는 아니더라도 일정 기간 동안 다양한 부서의 구성원들이 모여 기능이나 과업을 수행하고 해체하는 형태로 운영해 볼 것을 고려 중입니다.

담당자: 그게 어떤 말씀인지 이해가 잘 안 갑니다.

작가: 애자일 조직(agile organization)이라는 거 들어보셨죠? 조직 내 처음과 끝이 명확하고, 피라미드 조직 대신 필요에 의해 협업하는 자율적인 소규모 팀 조직을 기반으로 자원 배분을 조율하는 형태입니다. 리더는 기존 관리자형 리더와 달리 본인 스스로 전문가로서 업무를 추진하면서 동시에 조직을 조율하고 지원하는 역할을 수행하는 거죠. 지금 우리가 나누고 있는 독서경영 전담 부서를 예로 들면 이런 겁니다. 올해 우리 회사에서 독서경영을 함에 있어 어떤 과업을 하고자 하는지 정합니다. 그러면

그 과업을 해내기 위해 각 조직에서 다양한 경험과 배경을 지닌 여러 구성원들이 소규모 팀을 꾸리는 거죠. 그렇게 팀이 꾸려지면 리더를 정하고 그 조직에서 최종적인 결과물을 낼 수 있도록 하는 겁니다. 물론 결과물은 한 번에 짠하고 나올 필요는 없고 프로토타입(prototype) 형식으로 시험을 해봐도 좋고요.

담당자: 그건 너무 이상적인 말씀 아닌가요?

작가: 사내 혁신 조직을 구성할 때도 이런 방식을 취하는 기업이 많은데 독서경영이라고 못 할 이유 있나요?

1년 차 새내기 사원과의 대화 이후 저는 제가 생각한 독서경영 전담 부서를 운영하기 위해 제안을 해보았으나 결과적으로 시행해보진 못했습니다. 오히려 LG정유나 삼성SDS와 같은 기업의 사례처럼 최고지식책임자(CKO, Chief Knowledge Officer)와 조직 구성원을 연결해 주는 독서경영 전담 조직을 안정적으로 꾸릴 것을 지시받았습니다. 전반적으로 프로그램을 관리하고 전문적으로 독서 지식을 지도하며, 지식을 공유 및 전파하는 업무를 안정적으로 해낼 수 있도록 말이죠.

그러나 저는 여전히 인프라 구축 단계에서 제가 제안한 형태의 조직이 나오길 기대하고 있습니다. 자연스럽게 많은 구성원들에게 독서경영의 방향성을 알릴 수도 있고, 자연스럽게 참여를 유도할 수도 있으며, 빠르고 다양한 시도를 해볼 수 있는 방법인데 못 할 이유는 없지 않겠습니까? 혹시라도 독서경영 전담 부서의 전문성이 우려된다면 외부 전문가의 도움을 받으면 될 일이니까요.

5장

독서경영 활성화

BOOKTACT

독서경영 활성화 기준

BOOKTACT

앞 장에서는 '만남을 통한 성장'을 위해 1단계 목표로 관계와 만남이 일어날 수 있는 환경 구축이라 정하고, 해당 단계에서 할 수 있는 주요 활동을 살펴봤습니다. 이번 장에서는 마르틴 부버가 말한 만남을 본격적으로 촉진하는 것을 2단계에서의 목표로 정하고, 2단계에서 시도해 볼 수 있는 주요 활동에 대해 이야기를 나눠보겠습니다.

우선 질문을 하나 드려보겠습니다. 독서를 통해 만남을 본격적으로 촉진한다는 것, 다시 말해서 독서경영을 활성화한다는 건 정확히 뭘 어떻게 한다는 걸까요?

그 정의를 명확하게 하기 위해 저는 객관적으로 독서경영의 성과에 대해 인증을 해주는 제도부터 살펴보기로 했습니다. 아시는 바와 같이 독서경영 우수 직장 인증제의 추진 목적은 ①독서경영을 '잘'하는 기업 및 단체의 사례를 발굴하여 ②인증 수여를 통한 독서문화 확산에 있습니다. 즉 독서경영 우수 직장으로 인증을 받았다는 것은 독서경영을 '잘'하고 있다는 의미로 볼 수 있습니다.

먼저 인증 기준으로는 자가 진단표 점수 합산시 대기업·공공기관·공기업은 70점 이상, 중소기업은 60점 이상일 경우 인증받을 수 있습니다. 인증 기준 항목 및 배점은 다음과 같습니다.

항목	배점(점)
운영·관리(인프라 구축)	30
독서 프로그램	50
독서경영 홍보	20
지역사회 나눔(가산 항목)	5

그리고 인증한 기관 중 '우수' 또는 '최우수' 기관으로 선

정이 되기 위해서는 다음과 같은 지표로 최종 심사[1]가 이루어
집니다.

항목	평가 기준	배점(점)
인프라 구축	전사적 차원의 독서경영 체계가 기관 특성에 맞게 확립되어 있는가?	5
	직장 내 독서할 수 있는 공간 및 시간, 자원 등이 확보되어 있는가?	5
프로그램 운영	독서경영 프로그램이 장기 계획하에 지속적으로 시행되고 있는가?	5
	독서경영 프로그램이 임직원들의 요구와 조직 특성에 맞게 실행되고 있는가?	5
	독서 프로그램의 내용과 진행 방식이 타 기관의 독서 프로그램에 비해 우수한가?	5
리더십	독서경영에 대한 CEO의 관심과 의지가 탁월한가?	10
	독서경영 시행에 있어 실무자들의 의지와 실행력이 탁월한가?	10

---

1   2019 독서경영 우수 직장 인증제 개최 자료, KMAC, 2019

항목	평가 기준	배점(점)
성과	독서경영에 대한 임직원들의 참여율은 높은가?	10
	독서경영이 인재 양성 및 경영 성과 등 조직 성장에 기여하고 있는가?	10
	기관의 독서경영은 타 기관에 본보기가 될 만한가?	10
	기관의 독서경영은 지역사회 책 읽는 문화 확산에 도움이 되고 있는가?	10
발표 내용	발표 내용이 체계적이고 구체적인가?	5
	내용 전달 방식이 명확한가?	5
	독서경영 현황의 내용이 충실하고 답변에 대한 신뢰성이 있는가?	5

두 표에서 모두 첫 번째에 해당하는 '인프라 구축'은 우리가 앞서 이야기를 나눴던 1단계에 해당하는 부분입니다. 그러니까 독서경영이라는 기법을 활용하기 위해서 환경은 기본적으로 갖추어 놓아야 한다는 의미로 해석이 되네요.

다음으로 최종 심사표에서 두 번째와 세 번째 항목에 해당하는 '프로그램 운영'과 '리더십'은 네 번째 항목인 '성과'를 만들어 내기 위해 활성화되어야 하는 지표입니다.

그렇다면 여기서 말하는 '성과'란 무엇을 말하는 걸까요? 최종 심사표에 있는 기준을 보면 ①참여율, ②조직 기여도, ③확산 분위기 형성에 기여(타 기관 및 지역사회) 정도로 볼 수 있을 것 같습니다. 해당 심사표는 2019년 기준이고, 2018년까지의 최종 심사 항목을 보면 '발표 내용' 항목은 빠져 있고, 성과에 대해서는 ①참여율, ②활동의 주기, ③활동의 지속을 꼽습니다.

그러니까 2018년까지 독서경영을 '잘' 운영하는 기업이란 지속적으로 할 수 있는 독서 관련 활동을 적당한 주기로, 가능한 한 많은 구성원들에게 하고 있는 곳이었지요. 그리고 2019년에는 여기에 조직 성장에 기여하고 있는지와 독서문화 확산을 위해 직접적(지역사회 도움) 또는 간접적(본보기)으로 도움이 되었는지가 추가되었습니다.

처음부터 독서경영 우수 직장 인증제는 문화체육관광부에서 책 읽는 사회를 만들고자 추진했던 전략 및 과제였기 때문에 독서문화 확산을 위해 기여하고 있는지가 성과 요소가 되는 건 매우 자연스럽습니다. 또한 독서경영이 하나의 경영 기법으로 자리 잡아 가고 있기 때문에 독서경영이 인재 양성 및 경영 성과 등 조직 성장에 기여하고 있는지 평가하는 것도 이상하진 않습니다. 그런데 의아한 건 조직 성장에 기여한다는 게 무엇인지 명확하지 않습니다. 그래서 저는 2019년도 독서경영 최우수상 수상 기관의 사례를 통해 이야기를 나눠보려 합니다.

독서경영 활성화 우수 사례

BOOKTACT

2019 독서경영 최우수상 수상 기관은 KB금융그룹, 그랜드코리아레저주식회사(GKL), 롯데홈쇼핑, ㈜코리아세븐, 한미글로벌이 있습니다.

각 기업별로 독서경영을 도입한 목적을 살펴보면, KB금융그룹은 기존의 틀을 깨고 금융 패러다임 변화를 선도하기 위해 학습하는 문화의 일환으로 추진하고 있습니다. 그리고 그랜드코리아레저주식회사(GKL)는 책을 통해 배우고 소통하는 공기업의 모습을 만들기 위해, 롯데홈쇼핑은 경영 철학을 전파하고 구성원의 업무 역량을 개발하기 위함이라고 말하고 있습니다. 또한 코리아세븐은 주도적인 자기 계발로 유연하고 창의적인 사고를 갖춘 인재를 육성하고자 독서경영을 추진하고 있습니다. 끝으로 한미글로벌은 자율성을 강조하며 끝없이 학습하는 조직이 되고자 하는 비전을 내세우고 있습니다. 보시는 바와 같이 모두 학습을 통한 '성장'의 측면에서 접근하고 있음을 발견할 수 있습니다. 이러한 목적을 위해 추진하는 주요 활동 또한 비슷한 듯 차별화 전략을 갖고 있는데, 크게 ①독서토론, ②독서를 통한 학습, ③도서 정보 제공으로 분류할 수 있을 것 같습니다.

독서토론

2019년 독서경영 최우수상 수상 기관들 또한 여느 독서경영 인증 기관들처럼 독서토론회 운영을 통해 독서토론을 지원하고 진행하는데 운영에 대한 내용을 보면 다음과 같습니다.

북택트 : BOOKTACT

기업명	독서동호회	활동 운영
KB금융그룹	KB북클럽	· 계열사 직원 대상 자율적 신청 · 도서별 리더 자체 선정 · 온·오프라인에서 토론하는 6주 완독 모임
	KB독서클럽	· 그룹 임원들이 함께 공부하는 모임 · 매주 수요일 아침에 모여 4회차로 구성된 저자 강의, 질의·응답, 토론 진행
GKL	다수 자발적 독서동호회	· 등급에 따라 매월 20~50만원 지원 · 그룹웨어(group ware)에 독서 후기 공유 · 자체 독서 관련 봉사 활동 시행
롯데홈쇼핑	Book Dreamer	· 자사 대표 독서동호회 · 월1회 정기 모임 후 후기 공유 · 캘리그라피를 통한 책갈피 제작, 서점 탐방 등 독서 관련 활동 운영 · 회원들이 릴레이로 선정한 책을 사내도서관에 전시하여 전 직원들과 공유
코리아세븐	독서 멘토링 '책맥'	· 책을 읽으면서 맥주 마시는 모임 · 멘토와 멘티가 만나 추천 도서를 선물하며 생각을 나눔 · 지역별로 근무지가 가까운 선배 직원과 매칭 · 활동일지 사이트에 게시하여 내용 공유

기업명	독서동호회	활동 운영
한미글로벌	조직장·임원 독서토론회	· 개인·조직에게 적용할 만한 실천거리를 찾아 토론하면서 의견 공유 · 홀수월에 진행(짝수월은 개인 독서)
	팀별 독서토론회	· 모든 팀이 일정에 맞게 팀별 독서토론회 운영 · 느낀 점, 실천할 수 있는 것들에 대해 토론하고 의견 공유
	Beyond the Book	· 자율적 북클럽 · 나의 책 소개를 듣고 다른 참석자가 그 책을 사고 싶게끔 하는 '책 광고하기' 형식으로 진행 · 외부 전문가 박웅현 CCO 리드로 진행 · 직급을 배제하고 '님'으로 통일

독서를 통한 학습

독서를 통한 학습은 크게 조직 차원에서 특강을 제공하는 것과 개인적인 차원에서 자기 주도 학습을 할 수 있도록 독려하는 형태를 취하고 있습니다. 저자 특강은 5개 회사에서 모두 제공하고 있었는데, 계층 및 시의성에 맞게 저자를 초청해서 참여를 확대하는 모습을 보이고 있습니다. 특히 KB금융그룹의 '토크 콘서트'처럼 다른 기업들도 기존 특강 형식에서 벗어나 커뮤니케이션이 가능한 방식으로 다변화했다는 점이 특이합니다. 단순히 지식적인 내용을 제공하고 평소 직접 만나기 어려운 유명 저자를 만난다는 의미에서 벗어나는 모습입니다. 그렇게 함으로써 임직원들에게 다양한 인사이트(insight)를 얻을 수 있는 기회를 제공함으로써 가치를 더 확대시키는 것이지요.

개인적인 차원에서 자기 주도 학습을 독려하는 형태는 기업마다 차별화된 모습을 보이고 있어 다음과 같이 별도로 정리해 보았습니다.

기업명	프로그램	활동 운영
KB금융그룹	KB북러닝	· 지정 도서와 자율 도서 총 2권 독서 · 리뷰영상 제작 후 내부 플랫폼에 제출
GKL	e-캠퍼스	· 3대 문고 베스트셀러가 1개월 이내 교육 과정으로 업데이트 · e-캠퍼스 전체 이수 과정 중 90%가 독서 교육
	카카오 플러스 친구 'GKL교육'	· 24시간 추천 및 희망 도서 접수 후 독서교육과정에 반영
	EAP 독서 치료	· 매월 힐링 도서 추천 · 필요시 상담 진행

기업명	프로그램	활동 운영
롯데홈쇼핑	도서 구매 사이트	· 분기별 첫 달 CEO 추천 도서 구매 · 책 구매 후 필수로 업무와 연계된 서평 작성 · 서평 전 직원 실시간 공유
	Vision book 제작	· 새로운 비전을 전사에 전파함으로써 One Message 공유
	아크로폴리스	· 온라인 독서교육 플랫폼 · '가치 담은 책' 코너를 통해 독서 관련 이슈 전파
	도서 제공	· Trend 파악을 위한 업무 연관 도서 제공 · 월례 간담회, 세미나 시 CEO가 임직원에게 도서 선물 · 독서를 통한 신사업 아이디어 확보 및 전사 공유
코리아세븐	독서 통신 과정	· 원하는 도서 수강 시 자택으로 책 배송 · 직무 연관성이 높은 도서 추천 · 독후감 활동까지 마치면 학점 부여 · 학점 이수 여부는 승진 평가에 반영
	자체 제작 도서 발간	· 직무 연관 도서 제작 및 학습 · 가치관 경영 자료집 발간하여 경영 방침 일원화 · 지식 습득·전파를 통해 독서문화 활성
	전자도서관	· 80% 이상을 차지하는 현장근무자를 위해 전자도서관 개설 및 운영 · e-book 독서 과정 오픈

북택트: BOOKTACT

기업명	프로그램	활동 운영
한미글로벌	독후감 업로드	· 사내 인트라넷 독후감 업로드 · 제출 횟수에 따라 추가로 도서지원금 지급 · 분기·연간 독서왕 선정 및 포상

도서 정보 제공

도서 정보를 제공하는 활동은 독서하는 분위기를 형성하는 것 이상으로 영향력이 있는 활동입니다. 왜냐하면 독서경영에 대한 의지를 보여주는 수단이 될 수도 있고, 구성원들이 더 많은 기회를 접할 수 있도록 도와줄 수 있기 때문입니다. 최우수 수상 기관 5곳 모두 전략에 따라 운영을 잘하고 있는 모습이며, 내용은 다음과 같습니다.

기업명	프로그램	활동 운영
KB금융그룹	KB북위키	· KB인트라넷에 댓글로 책을 추천 후 감명받은 글귀 공유 · 도서 추천 릴레이 영상 게시 · 짧은 댓글로 도서 경험 작성

기업명	프로그램	활동 운영
GKL	CEO 추천 도서	· 임원 1인당 매월 5권의 책을 읽고, 그중 도서 추천 · 추천 도서를 독서교육에 반영하여 전 직원에게 공유
	Book-Cafe	· 사보 내 고정 북 칼럼 코너 · 북칼럼리스트 서평 및 추천 진행
	SNS 릴레이	· 사내 SNS를 활용하여 추천 도서 릴레이
롯데홈쇼핑	도서 구매 사이트	· 오늘의 북모닝 CEO란을 통해 CEO 도서 추천 · Book 뉴스 코너를 통해 최신 독서 관련 정보 제공
코리아세븐	이지리딩	· 필수 배경지식 자체 편집 도서 제공 · 경영진(임원 및 팀장) 대상 배포
	북소믈리에	· 사내 게시판에 도서 MD가 매월 도서 추천 · 본사 인근 점포에서 판매 진행 · '이달의 추천 도서'에 나오는 독서용어를 전 임직원에게 공유
한미글로벌	상시 도서 추천	· 사내 게시판에서 CEO 추천, 계절별 추천, 북클럽 추천 코너 운영 · 다양한 분야로 필독서 100선 선정

이 외에도 독서경영의 일환으로 사회공헌 활동도 다각적으로 하고 있지만, 우리는 조직 성장에 기여하는 모습을 어떻게 상정하고 있는지 보기 위해 이 정도 분류상으로만 보겠습

니다. 그리고 위와 같이 독서경영 활성화를 위한 활동을 보면 3장에서 언급했던 직원들의 '성장'에 초점이 맞춰져 있음을 알 수 있습니다. 예전과 달라진 점이 있다면 직원들의 자율적인 참여를 더 강조하고 있다는 겁니다.

결국 첫째, 독서경영이 인재 양성 및 경영 성과 등 조직 성장에 기여하기 위해 직원들의 자율적인 참여를 이끌어 내고, 둘째, 독서문화 확산을 위해 직·간접적으로 노력을 한 기업이 독서경영을 '잘' 운영하는 기업이라고 정의할 수 있을 것 같습니다.

그런데 저는 '독서경영이 인재 양성 및 경영 성과 등 조직 성장에 기여하기 위해 직원들의 자율적인 참여를 이끌어 내는' 성과 지표가 어쩐지 조금 아슬아슬합니다. 조직과 조직 구성원의 관계를 '나와 그것(Ich und Es)'으로 상호 작용하게 만드는 것 같아서 말이죠. 이렇게 생각을 해보죠. 독서동호회 활동을 장려하여 독서토론도 활성화되고 신사업 아이디어도 확보되는, 현업에서 활용할 만한 아이디어를 나누게 합니다. 그 목적이 무엇이었다고요? 학습을 통해 창의적이고 업무 역량이 향상된 구성원과 함께하기 위해서입니다. 그러면 그 학습이 책을 수단으로 활성화되어야 하는 이유는 무엇이라고 말씀하시나요? 혹시 '우리 기업의 조직 문화다.' 또는 '우리 기업에서 독서경영을 채택했기 때문이다.'라고 말씀하시진 않나요?

제가 독서경영을 채택한 기업을 전부 본 것은 아니기 때문에 예단할 수는 없지만, 최소한 제가 직접 또는 간접적으로 만나본 기업에서는 그렇게 이야기를 하더군요. 그리고 오히려 제게 반문을 합니다. 그렇게 대답을 하는 게 문제가 되느냐고. 물론 문제는 아닙니다. 그러나 '나와 너(Ich-Du)'의 상호작용을 통해 즉, 나와 상대가 모두 만남을 통해 성장한다는 지향점에 도달하긴 어려울 겁니다. 다시 말해 '자율'을 지향하지만 끝없이 설득하고 개입해야 하고, 내적 동기 부여를 말하지만 결국 외적 동기 부여(포상 및 인사 평가)의 필요에 따른 개선점 등을 고민하게 될 겁니다.

독서경영 퍼실리테이션

BOOKTACT

그럼 어떻게 하면 좋을까요? 이 지점에서 앞서 언급드렸던 퍼실리테이션(facilitation)이 중요해집니다.

자, 처음 여러분이 몸 담고 있는 그 조직을 선택할 때를 떠올려 보세요. 왜 그 조직을 선택했나요? 그 조직에서 어떤 모습으로 본인이 '존재'하길 원했나요?

호던(Jim Haudan)은 몰입을 일으키는 근원에 대해 말하며, '사람들은 ①의미 있는 존재가 되고 싶어 하고, ②의미 있는 일을 하고 싶어 하며, ③소속감을 갖기를 원할 뿐 아니라,

④자신의 공헌이 성과와 연결되었는지 알고 싶어 한다.'[2]고 합니다. 아마 여러분도 크게 다르지 않았을 거라 생각합니다.

그러니까 어쩌면 우리는 끝없이 설득당하고 개입당하지 않아도 지극히 당연하게 조직의 문화에 젖어들어 우리들의 역할에 몰입을 하고, 성과를 냈을 거라는 겁니다. 마치 대학 입시 공부를 앞두고 가만히 내버려둬도 당연히 공부를 하는 수험생처럼 말이죠. 그런데 주변을 보면 대다수가 수험생들에게 공부하라고 간섭하고, 공부를 잘하는 법을 알려주겠다고 나섭니다. 그렇게 되면 수험생들은 대부분 어떻게 변하죠? 공부하기 귀찮아하거나 수동적으로 공부를 합니다. 그런데 그렇다고 그냥 공부할 환경만 만들어 놓고 두고 볼 수만 있나요?

저는 그래서 배움과 성찰을 촉진할 퍼실리테이션을 독서경영지도사가 해내야 한다고 주장합니다.

---

2   짐 호던, 『몰입과 소통의 경영』, 가산출판사, 2013

북택트 : BOOKTACT

개념이 생소하실 분들을 위해 간략하게 설명을 드리자면, 퍼실리테이션은 그룹의 구성원들이 효과적인 기법과 절차에 따라 적극적으로 참여하고, 상호 작용을 촉진하여 목적을 달성하도록 돕는 활동을 말합니다. 그래서 보통 복잡한 문제를 해결할 때, 합의에 도달하고자 할 때, 구성원 간 협력이 필요할 때, 참여와 주도성을 높일 때 주로 활용됩니다. 독서경영지도사가 이를 활용하는 목적은 참여와 주도성을 높이는 쪽이 되겠죠.

아직도 퍼실리테이션을 회의 기법으로 생각하시는 분들이 더러 있습니다. 다음 그림[3]과 같이 의사 결정을 만들어 가는 과정을 학습한 분들이 보통 그렇게 생각을 하지요. 그러나 이는 퍼실리테이션 기법이 그룹을 대상으로 하고, 그룹에서 어렵고 복잡한 일을 풀어내는 방식을 설명하기에 적합한 예시가 회의이기 때문입니다.

---

3 샘 케이너, 레니 린드, 캐서린 톨디, 사라 피스크, 두에인 버거, 『민주적 결정 방법론-퍼실리테이션 가이드』, 쿠퍼북스, 2017

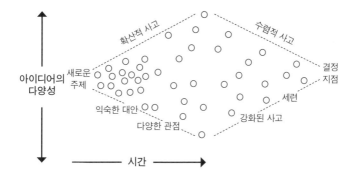

다시 말씀드리지만, 퍼실리테이션의 의미이자 궁극적인 목적은 상호 작용 촉진을 통해 목적을 달성하도록 돕는 것입니다. 그러므로 저는 퍼실리테이션은 조직을 개발하는 활동 중 하나라는 의견에 전적으로 동의합니다. 먼저 퍼실리테이션을 경험한 개인들이 다양한 상호 작용을 통해 의견을 인정하고 탐색해 가는 것이 익숙해지며 의미 있는 '존재'가 되어갑니다. 그런 개인들이 모여 '나와 너'의 상호 작용을 지속하며 그룹을 성장시키며, 절차를 설계하고 운영하는 일에 모두가 책임 의식을 가지며 더 강한 동의를 만들어 가는 것이지요.

이제부터 퍼실리테이션을 수행할 퍼실리테이터로서의 여

북택트: BOOKTACT

러분은 독서경영 활성화를 하는 이유를 추상적으로 '성장'이라고 생각하시면 안 됩니다. 조직 내에 의미 있는 '존재'인 개인들의 배움과 성찰을 촉진시키기 위함입니다. 그리고 그것을 위해 책을 수단으로 해야 하는 이유는 독서는 그 과정의 특성상 자기의 사고가 바탕이 되어 새로운 사고가 생기게 되며, 각자의 사고를 지닌 '존재'가 자연스럽게 상호 작용을 하도록 돕기 때문입니다. 다시 말해서 조직 내에서 자연스럽게 '나와 너'의 상호 작용 방식을 이루게 만든다는 겁니다.

이를 위해 여러분은 다음 네 가지 역할[4]을 해낼 수 있어야 합니다.

온전한 참여

참여를 시키는 것 자체는 생각보다 어렵지 않습니다. 그러나 '온전한' 참여는 어렵습니다. 왜냐하면 그룹에서 개인들은 자신의 실제 생각을 말하기 꺼려 하기 때문입니다. 더군다나

---

4 샘 케이너, 레니 린드, 캐서린 톨디, 사라 피스크, 두에인 버거, 『민주적 결정 방법론-퍼실리테이션 가이드』, 쿠퍼북스, 2017

회사라는 공간은 다양한 이해관계도 있고, 직급이라는 것도 존재하기 때문에 자신의 이야기를 편하게 할 수 있는 환경이 되지 못합니다.

그래서 퍼실리테이터는 사람들이 '바보 같은 질문과 말'을 하면서도 스스로 바보 같다고 느끼지 않도록 안전한 환경을 만들어 줄 수 있어야 합니다. 다시 말해서 사람들이 의도적으로 입을 다물지 않고 계속 사고하고 말할 수 있도록 장려하고 존중하며, 지지하는 분위기를 만들 수 있어야 합니다.

독서경영지도사로서 여러분이 온전한 참여를 이끌어 낼 일차적인 환경은 독서토론 및 독서 동아리에서 이야기를 나누는 것입니다. 이것이 여러분께서 독서지도 방법론에 대한 지식을 지니고 있어야 하는 이유이기도 합니다. 적절한 독서지도 방법론을 적용하여 온전한 참여를 독려함으로써 긍정적인 상호 작용을 경험하게 할 수 있기 때문입니다.

상호 이해 증진

그렇다면 앞서 이야기했던 긍정적인 상호 작용이란 무엇

을 의미할까요? 그것은 구성원 간 상호 이해를 증진시키는 겁니다. 만약 앞서 살펴본 사례와 같이 현업에 적용할 만한 아이디어나 혁신적인 아이디어를 도출하는 것이 목적인 모임이었다면 포괄적인 해법을 지원함으로써 공유 책임 의식을 함양할 수 있도록 도와줄 수도 있겠지요.

상호 이해에 대한 이야기를 하기 위해 '이해'에 대한 이야기를 먼저 해보겠습니다. 저는 '이해'라는 단어의 숨은 의미를 나타냄에 있어 '이해하다'의 영어 단어인 'understand'가 적절하다고 생각합니다. 영어 단어 그대로 상대보다 '아래(under)'에 '서서(stand)' 바라봐야 이해할 수 있다는 의미가 아닐까 생각하는 겁니다. 그런데 헤겔(Hegel)이 이야기했듯이 사람들은 누구나 인정 욕구와 대등 욕구를 지니고 있습니다. 그 누구도 아래에 서고 싶어 하는 사람은 없는 거죠. 그러니 본능적으로 자신의 관점을 방어하고 확대하려는 일에 사로잡히게 되는 것은 아닐까요?

그러니까 퍼실리테이터는 사람들 사이에서 불가피하게 오해가 생기고 마찰이 있을 수 있다는 걸 자연스럽게 받아들일 수 있어야 합니다. 오히려 구성원 모두에게 누군가 나를 이해하고 있다는 확신을 심어주는 게 더 중요합니다. 애써서 서로 이해시키려는 노력보다는 자연스럽게 모두가 서로의 관점을 존중하여 경청하는 분위기를 만드는 것, 이것이 퍼실리테이터가 해야 할 역할인 겁니다.

포괄적 해법 지원

그래서 퍼실리테이터를 '모든 의견을 담아내는 포괄적 대안'이 가능하다고 생각하는 유일한 사람이라고 하는 겁니다. 그러기 위해 굳이 서로 이해시키려 하지 않고, 확산적 사고에 빠져들 수 있게 하고, 모두가 존중받으며 온전하게 참여할 수 있도록 분위기를 만들어 주는 것에서부터 시작할 수 있어야 합니다.

특히 혁신적인 아이디어를 끌어내는 그룹일수록 퍼실리테이터의 이러한 역할은 더욱 중요해질 겁니다. 그럴 때 우리는 포괄적 해법을 지원하는 가치와 방법을 소개해 줄 수 있으면 됩니다. 그것으로 인해 새로운 사고방식의 타당성과 예상치 못한 결과를 얻게 되는 순간 구성원들은 자신의 그룹이 가진 잠재적 효과성을 인정하게 되기 때문입니다.

공유 책임

앞서 몰입을 일으키는 근원에 대해 사람들은 누구나 자신의 공헌이 성과와 연결되었는지 알고 싶어 한다고 말씀드린 바 있습니다. 그런데 실제 대부분의 조직에서는 결정을 해야 하는 순간에 리더나 전문가에게 의지를 합니다. 무엇보다 결정권이 리더에게 있기 때문에 '내가 말한 것이 아무런 소용이 없다.'는 생각이 자연스럽게 들기 때문일 겁니다.

조직에서 리더에게 결정권을 부여한 이유는 리더에게 자원을 통제할 권한과 특수한 정보에 접근할 권한을 주었기 때문에 그것에 맞는 책임을 지게 하기 위함입니다. 그런데 독서를 활용한 활동에서는 어떤가요? 리더에게만 특수한 정보에 접근할 권한이 있나요? 통제해야 할 자원의 범위가 넓나요?

독서경영이야말로 본인과 그룹의 잠재적인 효과성을 경험하고 그로 인해 본인들이 가치 있는 존재가 되어 지속적으로 참여하고 성장함으로써 공유 책임 의식을 갖게 하기에 적합한 기법인 겁니다. 여러분은 그 안에서 구성원들에게 힘을 불어넣어 주는 동기 부여자가 되어 주인 의식을 심어주시기 바랍니다. 그러면 여러분의 조직은 자연스럽게 공유 책임을 지는 방향으로 진화할 것이라 확신합니다.

독서토론 운영

DY는 1,000명이 넘는 직원이 독후감을 제출하고, 필독서 및 선택 도서를 읽고 토론회를 갖습니다. DY 독서경영 담당자의 말에 의하면 구성원들이 독후감은 이제 당연하게 쓰는 거라고 생각하고 있으며, 토론회는 독후감 쓰기보다 더 재미있어 한다고 합니다. 심지어는 토론회에 대해서 "이제는 책을 읽고 책에 대해서 토론하는 능력보다 책 안 읽고 책에 대해서 토론하는 능력이 길러지는 것 같다는 농담까지 하고 있습니다."라고 할 정도라네요. 사실상 회사 전체가 독서 조직으로 바뀌었다고 할 수 있습니다.

DY의 토론회에 대해 이야기를 들어보니 내부에서 독서경영을 이끄는 담당자의 역할이 매우 컸음을 알 수 있었습니다. 전 구성원의 독서를 독려하고, 팀별 토론회를 조직하고 회의록을 독려하는 일까지 모두 체계적으로 하고 있었으니까요. 무엇보다 흔히 독서토론은 경험이 없으면 특히나 더 힘든 모임입니다. 왜냐하면 독서토론은 '토론'이라는 사전적 의미처럼 '나의 주장으로 상대를 설득하는 일'이 별로 일어나지 않기 때문입니다. 의견을 내세우기보다는 저자가 말하는 주안점이 무엇이며, 어떤 것을 말하고 있으며, 그것에 대해 내가 무엇을 느꼈는지 이야기하는 방식으로 이루어집니다.

그래서 토론하는 방식에 대해 첫 번째로 책에서 저자가 무엇을 말하고 있는지 이해한 것을 발제자를 정해서 공유하고, 두 번째로 저자가 말한 내용 중 무엇을 얻을 것인지를 서로 공유하며, 세 번째로 저자가 제시한 핵심 사안에 대한 이슈 제기와 참석자 간 소통이 이루어지는 방식으로 교육을 합니다. 그런데 DY의 담당자는 이것에 대해 본인의 역량 및 회사 내부의 시스템으로 즐겁게 해내고 있는 모습이어서 인상적이었습니다.

DY만큼 시스템을 갖춰서 독서토론 모임을 진행하는 조직으로 농업협동조합중앙회를 꼽을 수 있습니다. 농협중앙회 중심으로 오프라인에서 시행되는 'Book ARI'와 농업협동조합중앙회 및 농·축협 모두가 참여하는 온라인 기반의 'Book MEARI'로 구분되어 운영되고 있습니다. 먼저 Book ARI는 매월 독서경영 도서 1권을 선정하여 외부 독서토론 전문 퍼실리테이터와 독서토론 모임을 진행하고 있습니다. 또한 Book MEARI는 온라인 환경에서 산출물을 만들어 독서경영시스템에 공유하는 형태로 진행하고 있습니다.

무엇보다 토론 도서 선정 및 시스템 운영에 있어 독서경영 담당 부서가 그 역할을 해내고 있으며, 많은 인원과 지사가 있는 기관임에도 불구하고 적극적으로 참여를 유도하고 있다는 점, 효율적인 진행을 위해 외부 퍼실리테이터를 고용하고 있다는 점에서 그 열정을 볼 수 있었습니다. 이렇듯 독서토론을 운영함에 있어서는 도서 선정과 토론을 진행하는 방법에 따라 그 결과물이 달라진다고 할 수 있습니다.

먼저 토론에 적합한 책에 정답은 존재하지 않습니다. 이론적으로는 미래학자 다니엘 핑크(Daniel Pink)가 말한 골디락스 존(Goldilocks zone)이 가장 적합하다고 합니다. 골디락스

존이란 영국의 전래동화『골디락스와 곰 세 마리』에서 유래된 용어로 자신의 역량과 난이도가 '적당히' 조화를 이룬 영역을 말합니다.

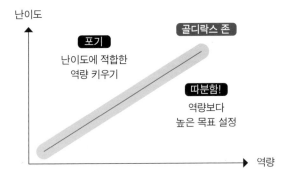

흔히 난이도별로 책을 분류하면, 난이도가 낮은 책으로는 이해하는 데 긴 시간이 필요하지 않은 자기 계발서 및 수필을 말합니다. 그리고 난이도가 높은 책으로는 사전 학습을 통해서 배경지식을 높인 후에야 읽을 수 있는 책을 말하는데, 사실 모든 책이 이 난이도의 스펙트럼 어딘가에 존재하는 것이지, 난이도 상, 중, 하로 나누기는 어렵습니다.

그래서 저는 독서토론에 적합한 책을 고르는 과정에는 시행착오를 겪어보는 것도 방법이라고 생각합니다. 그리고 그 시행착오는 독서경영지도사가 혼자 겪을 것이 아니라고 말씀드리고 싶습니다. 목적을 분명하게 두고 구성원과 함께 선택의 과정을 함께하면 더 의미있고 빠르게 답을 찾아갈 수 있을 거라 생각합니다.

두 번째로 토론을 진행하는 방법에 대해서는 토론에 들어가기 전에 그라운드 룰을 합의할 것을 권합니다. 토론을 진행함에 있어 '온전한 참여'를 이끌기 위해서는 모든 의견 및 발언이 인정받고 존중받고 있다는 느낌을 주어야 합니다. 그러므로 예를 들어 ①발언에 대한 존중, ②경어 사용, ③호칭은 '님'으로 통일할 것, ④선정된 책의 내용 및 주제와 관련된 내용만 논의, ⑤발제자는 순번에 따라 정하기 등을 사전에 공유하는 게 중요합니다. 또한 독서토론에 참여하는 인원이 너무 많으면 시간상 제약 및 어수선하다는 단점이 있기 때문에 보통 10명 내외를 적당한 인원으로 진행한다는 점을 참고로 알아 두면 좋을 것 같습니다. 뿐만 아니라 장소 및 자리 배치도 토론 분위기를 좌우하기 때문에 독서토론의 목적에 따라 적당한 장소를 확보할 것을 권합니다.

끝으로 토론 내용에 대해 정리하고 피드백하는 시간을 꼭 함께하길 바랍니다. 이를 통해 토론에 참석하지 못한 사람들을 위한 기록이 이루어질 수도 있으며, 함께 토론한 사람들끼리도 상호 간의 배움과 성찰에 대해 돌아볼 시간을 누릴 수 있기 때문입니다.

서평 작성

BOOKTACT

흔히 유의의(有意義)한 독서는 그것으로부터 얻은 여러 가지의 지식이나 감명이 자신의 생활에 비추어져 생활 속에 젖어들 때 비로소 그 의의와 가치가 나타난다고 합니다. 그래서 서평 작성은 책을 읽었다는 것을 확인하거나 확인받기 위해서 쓰는 게 아닙니다. 사색의 능력과 습관을 길러주고 비판적인 독서 태도를 갖게 하며, 무엇보다 자신의 생각을 글로 쓰는 과정을 겪기 위함입니다.

간혹 독서통신연수를 할 때 작성한 독서 감상문 내용을 보다 보면 여전히 서평식 독서 감상문이 아니라 일반적인 독서 감상문을 쓰는 분들이 계십니다. 이 둘을 비교하면 다음과 같은데, 여기서 가장 큰 차이는 서평식 독서 감상문은 가치 평가를 통해 다른 사람들과 생각을 나눈다는 것입니다.

구분	서평식 독서 감상문	일반적 독서 감상문
독자	타인(대중)	나 자신(개인적)
논거	객관적	주관적
목적	분석, 해석	느낌 및 생각 기록
역할	가치 평가	독서 기록

독서경영을 도입한 목적을 고려했을 때에도 서평은 독서 후 단계에서 아주 중요한 활동이라 할 것입니다. 그럼에도 불구하고 서평 쓰는 것에 어려움을 느끼는 구성원이 많습니다. 그러나 그에 비해 서평 작성에 대해 정보를 제공해 주는 기업보다 서평을 작성하게 독려하려고 외부적인 장치를 고민하는 기업이 더 많이 보여서 사실 조금 안타깝습니다.

서평 작성은 크게 계획하기, 글쓰기, 고쳐쓰기 단계로 지도할 수 있습니다.

북택트 : BOOKTACT

먼저 계획하기 단계에서는 독서 중 메모할 것을 권합니다. 책을 펼치고 앉은 자리에서 다 읽는 경우는 흔치 않습니다. 그래서 나눠서 읽다 보면 나중에 잘 기억이 나지 않을 때가 많습니다. 그렇기 때문에 책을 읽으면서 ①저자가 강조하고 있다고 생각하는 부분, ②읽고 나서 내 배경지식 등을 통해 뭔가 다른 생각이 떠오른 부분을 중심으로 밑줄 또는 메모하는 방법을 구성원들에게 몇 번만 보여주면 됩니다. 그리고 본인이 밑줄 치거나 메모한 내용을 중심으로 서평을 작성할 때 주제를 선정할 수 있으니 계획하기 단계는 독서 중 메모하기 전략만 잘 익혀도 어려움이 없을 거라 생각합니다.

다음으로 글쓰기 단계를 가장 어려워하는데, 보통 너무 여러 가지 이야기를 하고자 하는 마음이 앞서서 그렇습니다. 처음 계획하기 단계에서 정했던 주제를 다시 한번 생각해 보고, 쓰려고 했던 한 가지 이야기에 집중하도록만 지도해도 구성원들이 글쓰기에 부담을 내려놓을 것입니다. 저는 그래서 '글쓰기는 생각을 벼리는 도구다.'라는 말을 참 좋아합니다.

'벼린다'는 건 무디어진 연장의 날을 달구어 두드려서 날카롭게 만든다는 의미입니다. 그러니까 막연하고 이런저런 다양한 생각을 글쓰기라는 도구를 통해 날카롭게 만드는 것이죠. 진짜 내가 하고 싶은 이야기 단 하나. 비록 표현이 초름하고 정서법에 맞지 않을지라도 생각을 벼리는 연습만 반복해도 글쓰기에 대한 부담은 많이 줄어들 거라 확신합니다.

끝으로 고쳐쓰기 단계로, 저는 먼저 시간이 흐른 후에 다시 보라고 알려주는 것이 중요하다고 생각합니다. 글을 막 쓰고 난 후에는 하고 싶었던 이야기가 내 머릿속에 있기 때문에 문장으로 표현이 잘되지 않아도 이해가 됩니다. 그런데 시간이 흐른 후 다시 읽을 때는 새 마음으로 읽는 것이기 때문에 주제가 제대로 드러나 있는지 바로 확인이 됩니다. 저는 구성원들에게 고쳐쓰기 단계를 지도할 때 단 한 가지만 요구합니다. 주제가 문장에 제대로 드러나 있는지만 확인하라고 말입니다.

서평을 작성하는 목적은 결국 비판적 독서의 결과물을 다른 사람들과 나누기 위함입니다. 그런데 앞서 말씀드린 간단한 서평 작성 단계를 아무리 알려드려도 서평 작성을 어려워하는 분들이 계십니다. 하고 싶은 이야기가 정리되지 않아서가 아니라 문장을 만드는 것 자체를 어려워하는 겁니다. 그런 분들에게는 책의 내용을 도해로 표현해 보는 것을 권합니다.

프롤로그에서도 말씀드린 바와 같이 어차피 앞으로는 문자 우위 시대가 가고 다양한 표현 수단이 활용될 것입니다. 그렇다면 목적을 잘 이행하기 위한 활동을 하면 되는 것 아니겠습니까?

도해로 표현하는 것은 어렵지 않습니다. 기본적인 틀만 익히고 표현하고자 하는 메시지의 구성에 따라 활용하면 됩니다.

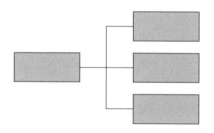

첫 번째로, 내용을 수준별로 분류하고 계층으로 나타낼 때는 다음과 같은 도해를 활용할 수 있습니다. 왼편에는 상위 개념 및 다른 내용을 아우르는 내용을 작성하고, 오른편에는

그에 해당하는 내용을 작성하는 겁니다. 흔히 신문이나 잡지 등에서도 많이 보이는 도해이기 때문에 이해하기 편하실 겁니다.

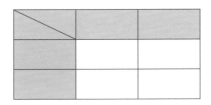

두 번째, 내용을 다른 두 축의 조합으로 표현할 때는 다음과 같은 도해를 활용할 수 있습니다. 이는 직장에서 보고서를 작성할 때 많이 활용되는 것이므로 추가 설명은 하지 않겠습니다.

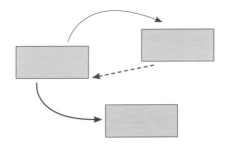

세 번째는 내용의 흐름 및 내용 요소별 관계를 나타낼 때

활용할 수 있는 도해인데, 제 개인적으로 가장 많이 활용하는 것이기도 합니다. 보통 문학 작품을 읽을 때 인물 간의 관계를 나타내기에 적합하고, 교양 및 인문 서적을 읽을 때 정보 간의 관계를 파악하기에 좋습니다. 무엇보다 화살표의 굵기 및 연결선의 종류를 활용하여 다양하게 메시지를 표현할 수 있으니 유용하게 활용할 수 있을 거라 생각합니다.

독서 후 활동 고민

기업 문화에 대한 정보 및 방법론에 대해 각기 다른 회사에서 모인 250여 명의 담당자가 이야기를 나누는 SNS 모임이 있습니다. 저 또한 그곳의 일원입니다. 여기서는 기업 문화뿐 아니라 HR 전반에 대한 고민을 허심탄회하게 나누는 곳입니다. 이곳에서 독서 후 활동에 대해 고민을 나눈 기록이 있어 해당 내용을 공개합니다.

담당자1: 혹시 팀장 이상 관리자급에 대해 도서를 제공하고 독서를 독려하는 기업이 있다면, 독서한 걸 어떻게 확인하는지 궁금합니다.

담당자2: 못 해요. 함부로 단언컨대 확인 못 할 것 같습니다. 아님 대표이사가 전달하고 얼마 뒤에 티 미팅(tea meeting) 한다고 하면 읽지 않을까 싶기도 하고요.

담당자3: 저희는 독서 후 활동을 별도로 하지 않아요. 그냥 아무 책이나 살 수 있게 개인별 도서 구입비를 지원합니다. 그리고 책을 읽고 추천해 주는 메뉴를 그룹웨어에 만들었더니 자유롭게 작성합니다. 많이 쓰신 분들은 송년회 때 별도의 상품을 드리고요.

담당자4: 그룹 전체 교육이긴 한데 저희는 임원 리더십 교육 과정으로 동영상 8편+교재 2권+아티클(article) 10개를 1개월간 읽고, 현업에서 적용할 과제를 제출하는 교육을 진행 중입니다. 물론 다들 핵 싫어하지요.

담당자1: 담당자4 님 회사의 경우 왜 하게 되었는지 실시 배경이 궁금하네요.

담당자4: 원래 그룹 차원에서 임원들 합숙 교육이 있었거든요. 근데 코로나로 인해 비대면으로 교육할 수 있는 방안을 찾다 보니 실시하게 되었습니다. 승진자, 팀장급 교육이 모두 비대면으로 전환되면서 도서 및 동영상 강의를 진행 중입니다.

담당자5: 근데 독서하신 걸 확인하려는 목적은 무엇인가요?

담당자1: 회장님이 손수 골라 정성스레 전해준 책들이 실제로 업무에 활용이 안 되고 있다는 말씀이 나와서요.

담당자4: 그러면 과제까진 좀 그렇고, 회장님이 손수 골라주신

의도를 파악해서 팀장들에게 현업에서 혹은 부서나 조직 문화적으로 적용할 수 있는 독후감을 내보라고 하시는 건 어떨까요?

담당자5: 네, 저도 담당자4 님의 말씀에 동의합니다. '과제'의 개념보다 읽고 나서 조직이나 현업에 어떻게 적용할지를 스스로 고민하게 만드는 '의도'를 심어준다는 개념으로 접근하면 명분이 달라지지 않을까요? 결국에 과제가 되긴 하겠지만.

담당자6: 저희도 직접 하사(?)하신 도서 배포 및 사내 전파를 고민 후 실행한 사례가 있어 공유합니다.

〔2019년: 탑리더 중심, 변화 토론/실천 독려〕

1. 책 배포: 『최고의 질문』

2. 번역자 특강

3. 부사장 이상 전원 토론 실시(총 4회)

  - 탑 리더 Self Assessment(자기 평가) 통한 현상 및 문제점 도출

  - 해결 방안 논의 / 리더의 솔선수범 약속

  ※ 여기서 나온 실천 과제들로 작년 한 해 정말 알차고

바쁘게 보냈습니다.

〔2020년: 코로나 상황 감안, 핵심 메시지 넛지에 집중〕

1. 책 배포:『포에버 데이 원』

　　- 리더 대상 각 1권

　　- 부서·팀·파트 단위 조직별 1권 추가 배포, 회람 진행

2. 직원 대상 도서 신청 이벤트

　　- 기대평 이벤트를 통해 원하는 직원이 자발적으로 독
　　　서 / 핵심 메시지 전파

3. 본사 Book Box 운영

　　- 본사 로비의 전시 공간을 활용, 자율독서 공간으로
　　　운영

　　- 핵심 메시지와 도서를 함께 비치

　　- 임직원이 자발적으로 읽고 느낄 수 있는 환경 조성

4. 사업장별 도서 대여 운영

　　- 각 사업장별 도서관 추가 비치, 직원 자발적 대여 / 독
　　　서 진행

5. 핵심 메시지 한 줄 이벤트

　　- 책을 읽고 느낀 소감을 한 줄 메시지로 적어 임직원

간 공유함으로써 '임직원들의 목소리'를 통해 핵심
메시지 재강조(그룹웨어 게시판)
- 참여자 대상 추첨을 통해 '언제나 첫날처럼' 메탈북
마크 제공
6. 본부별 리더 포럼
- 책을 주제로 한 본부별 리더스 포럼을 전사 공통으로
추진, 의미를 도출토록 진행
※ 온라인 토론회 / 특강 검토했으나 비용 및 효과성을
고려하여 취소함

이상의 대화 내용을 보시고 어떤 생각이 드시나요? 여전
히 현장에서는 '성장'을 위해 상호 작용을 촉진하는 것이 아니
라 기업의 방침에 따라 상호 작용을 설득당해서 행하다 보면
'성장'을 할 것이라는 식의 독서경영이 행해지고 있지요? 그러
다 보니 심지어 회사의 임원들도 '핵 싫어하는' 교육이 진행되
지 않았을까요?

물론 담당자6 님의 기업에서는 자율적인 독서 환경을 위
해 Book Box를 운영하고 이벤트도 하는 등 다양한 노력을

한 점이 인상적입니다. 그런데 이를 받아들이는 구성원들은 어떤 마음이었을까요? 제가 그 기업의 구성원이 아니어서 함부로 말씀드릴 순 없지만, 독서경영의 장점을 제대로 보진 못했을 것 같습니다.

6장

북택트를 위한
독서지도 학습

BOOKTACT

독서지도 방법론

BOOKTACT

앞서 독서경영지도자로서 독서지도 방법론을 학습해야 하는 이유로 온전한 참여를 이끌어 낼 수 있는 지식이라고 말씀드린 바 있습니다. 만약 독서가 저자가 쓴 내용을 수동적으로 받아들이기만 하는 과정이라면 굳이 참여를 이끌어 낼 필요는 없을 겁니다. 독서란 저자가 어떤 이야기를 하고 있는지 이해하고, 독자가 가진 지식 및 경험을 바탕으로 비판하고 적용하는 과정을 포함하고 있습니다. 그러므로 효율적으로 전개해 가기 위한 원리와 단계를 알아야 할 필요가 있는 겁니다.

먼저 독서지도 방법의 원리를 정립하는 것은, 독서지도의 실제에 부딪히는 여러 가지 문제점을 발전적으로 이끌고 나가기 위해 필요합니다. 독서지도의 실제에서 고려되어야 할 방법상의 원리에 대해 손정표[1]는 다음과 같이 이야기하고 있습니다.

①동기의 원리(자발성의 원리): 독서를 강제로 시켜서는 안 되며, 자발적인 동기에 의해 독서를 할 수 있도록 이끌어 주어야 한다. 그러기 위해서는 독서의 의욕을 유발할 수 있는 수단을 강구해 주지 않으면 안 된다.

②목적의 원리: 독서의 목적을 의식하고 그 목적에 적합한 독서를 시켜나가야 한다. 독서의 방법에는 여러 가지가 있기 때문에 목적에 맞추어 그것을 사용하지 않으면 무익한 것이 되기 쉽다. 따라서 읽기 시작하기 전에 먼저 목적을 확인시키도록 하여야 한다.

③선택의 원리: 독서 자료를 적절히 선택할 수 있게 준비하여 그 상담에 응함과 아울러 점차적으로 자주적인 선택이 이루어질 수 있도록 지도해 주어야 한다. 그러기 위해서는 선택의 기술을 잘 습득할 수 있도록 지도해 줄

1   손정표, 『신독서지도방법론』, 태일사, 2010

필요가 있다.

④통합의 원리: 독서를 생활로부터 유리시키지 않고 독서 이외의 모든 활동과 통합시킴으로써 궁극적으로는 개인의 인격에 통합될 수 있도록 지도하여야 한다.

⑤평가의 원리: 지도의 효과에 대한 계속적인 평가에 의하여 목적의 실현을 확인하고 방법을 개선해 나가야 한다. 또한 학습자 스스로도 자기 평가를 하게 하여 자신의 독서 생활의 향상을 도모해 나가도록 지도해야 할 필요가 있다.

이러한 원리를 바탕으로 독서지도의 단계를 나누자면 크게 ①독서 전, ②본격적인 지도, ③독서 후 지도로 나누어 볼 수 있습니다. 먼저 독서 전 단계에서는 동기의 원리, 목적의 원리, 선택의 원리를 적용할 수 있습니다. 또한 본격적인 지도 단계에서는 통합의 원리에 의해 비판하고 적용하는 단계까지 다룰 수 있습니다. 끝으로 독서 후 지도 단계에서는 평가의 원리에 충실하여 서평 작성을 지도하고, 구성원 간의 상호 작용 기회를 제공할 수 있습니다.

독서 전 지도	본격적인 지도	독서 후 지도
· 독서 자료 선택 · 흥미 유발 · 배경지식 활성화	· 비판적 독서지도 · 토론 지도	· 다양한 상호 작용 · 서평 지도

독서 전 지도

독서 전 단계에서 수행할 활동으로는 독서 자료를 선택하고 흥미를 유발하며, 배경지식을 활성화하는 것이 있습니다. 먼저 자료를 선택할 때는 목적에 적합한 독서를 시켜나가는 점이 중요합니다. 그러기 위해서는 이 책을 읽고 본격적인 지도가 이루어질 때 의도한 학습 목표가 명확해야 합니다. 새로운 트렌드(trend)를 익히게 하기 위함인지, 업무 관련 지식을 습득시키기 위함인지, 다양한 감상평을 공유하기 위함인지 등 목표를 정할 필요가 있습니다.

그 후 이를 바탕으로 선택의 원리를 보장하여 구성원들에게 직접 독서 자료를 선택할 수 있게 하는 것도 방법입니다. 단, 이는 독서 초보자에게는 오히려 혼란을 줄 수 있으므로 적절하게 취해야 할 필요가 있습니다. 만약 독서 초보자가 아니라면 본인들이 선택한 도서이기 때문에 흥미를 갖고 독서에 임할 수 있습니다.

여기서 독서에 임하는 흥미란 단순히 관심을 갖는다는 것과는 조금 다릅니다. 이는 도서 내용에 몰입하고 끝까지 읽어내려는 욕구를 불러일으키는 요소이기 때문입니다. 그렇기 때문에 흥미를 유발하기 위해서는 다양한 방법을 활용해 보는 것도 중요합니다. 흥미를 유발하기 위한 가장 보편적이면서 일반적인 방법은 배경지식과 자연스럽게 연결을 시도하는 겁니다. 사람들은 흔히 본인에게 익숙한 것에 대해서는 거부감이 덜하기 때문입니다. 또 다른 방법으로는 학습자들의 학습 유형(시각, 청각, 경험 등)을 고려하여 학습 자료를 제작해 보는 것입니다. 가장 이상적인 방법으로는 우리가 함께 볼 도서가 유용한 정보 또는 태도의 강화 요소가 들어 있음을 강조하며 내적 동기를 끌어내는 건데, 개인적으로 별로 권하지는 않습니다. 내적 동기는 스스로 만들어 내는 것이지, 만들어 내기 위해 외부적으로 지나치게 개입하면 자칫 수동적으로 변할 수 있기 때문입니다.

독서지도를 현장에서 많이 해보신 분들은 독서 전 단계에서 배경지식 활성화하기가 가장 중요하다고 말합니다. 앞서 말씀드렸듯이 흥미를 유발하기에 가장 좋은 수단이며, 서로를 이해하기에도 아주 좋은 활동이기 때문입니다. 배경지식은 지니고 있는 것만으로는 충분하지 못합니다. 각자가 지니고 있는 배경지식 중 글과 연관이 있는 배경지식을 의식의 표면 위로 끌어올리는 사고 작용이 일어나야 합니다. 그러기 위해 우리는 다음과 같은 시도를 해볼 수 있습니다.

단계	내용
연상하기	· 하나의 관념이 다른 어떤 관념을 불러일으키는 심리 작용을 촉진 · 예) 제목, 목차, 머리말 등을 보고 이야기 나누기
예측하기	· 능동적인 읽기의 시작 · 예) 제목, 삽화, 도표, 이야기의 일부를 보고 예측하기
질문하기	· 상호 작용의 시작 · 예) 주제 및 이야기 배경과 관련하여 질문하기

본격적인 지도

이 단계에서는 비판적으로 독서를 할 수 있도록 지도하고 개인별로 독서한 내용을 바탕으로 토론을 이끌어 낼 수 있습니다. 그러므로 개인별로 비판적인 독서를 할 수 있도록 한 후

토론을 하는 것이 효과적입니다. 무엇보다 토론은 결과 중심이 아니라 과정 중심으로 이루어지니까요.

비판적인 독서라고 해서 나와 생각이 다른 점을 찾아낸다거나 하는 건 아닙니다. 독서 전 단계에서 경험했던 배경지식 활성화를 통해 글의 내용이나 표현에 대해 음미해 보는 단계라고 보면 좋을 것 같습니다. 그렇게 함으로써 처음 이 글을 읽기 전 나누었던 목적을 다시 떠올리며, 그 목적을 가지고 글과 맞서 정보를 찾아내고 사고할 수 있기 때문이죠. 결국 비판적 독서는 글의 가치와 질을 평가하고 판단하는 읽기라고 보면 맞을 것 같습니다.

비판적 독서를 해내기 위해서는 먼저 학습자에게 '질문하기'를 통해 사고의 과정에 도움을 줄 필요가 있습니다. 물론 이 단계에서 처음 이 도서를 선택하게 된 목적에 대해 환기시켜 주시면 더 좋겠죠. 그걸 바탕으로 학습자는 생각난 것, 알고 있던 것, 알고 싶은 것을 체크하며 글을 본격적으로 음미해 갑니다.

다음으로 의견을 나누는 단계인데, 일반적으로 독서동호회에서 토론의 과정을 통해 이루어집니다. 토론 운영과 관련된 내용은 앞서 말씀드린 바와 같으며, 여기서는 다양한 tool(마인드맵, 3P파인더)을 활용해서 학습자의 '온전한 참여'를 독려하라는 제언만 드리겠습니다.

그렇게 의견을 자유롭게 나눈 후 사회적 배경 및 저자에 대한 정보 등을 바탕으로 더욱 다양한 측면으로 글을 이해하고 평가할 수 있습니다. 이런 과정을 지속하다 보면 개인적으로도 책을 잘 읽어 왔는지 자연스럽게 확인할 수 있고, 나아가 다양한 관점을 수용할 수 있습니다. 책에 대한 여러 가지 다양한 해석을 동료들을 통해 쉽게 접함으로써 개인적인 독서에서 흔히 빚어질 수 있는 피상적이고 독단적인 이해의 위험을 피할 수 있는 거죠.

독서 후 지도

독서 후 지도에서는 적용 활동을 나누며 구성원 간의 상호 작용 기회를 제공할 수 있습니다. 상호 작용하는 방법에는 글로 표현하는 방법, 그림으로 표현하는 방법, 의견을 교류하는 자리를 만드는 방법 등 다양하게 있습니다.

　지금까지 여러 기업에서 실시한 사례를 통해 보면, 글로 표현하는 것에는 가장 대표적인 서평(독후감) 작성이 있으며 구성원들의 서평을 모아 책으로 출간하는 경우도 있었습니다. 또 그림으로 표현하는 경우는 시화 및 독서 감상화를 그리는 활동이 있는데, 이건 보통 가족 단위의 행사로 확장했을 때 진행하고 있습니다. 끝으로 의견을 교류하는 자리를 만드는 활동으로는 가장 일반적인 것이 저자와의 만남 및 특강이 있으며, 강의 및 워크숍을 실시하거나, 영상을 제작 또는 연극으로 표현하는 등 콘텐츠를 재생산하는 경우도 있습니다.

독서교육론

독서지도 실제

개인 차원에서 일과 학습이 통합되는 현상은 지식 기반 사회의 도래 이후 가속화되더니, 코로나로 인한 사회의 변화 이후 피할 수 없게 되었습니다. '학습'의 사전적인 정의를 새로운 지식, 사고방식, 규범, 기능, 감성 등을 습득하는 의도적인 활동이라고 할 때, 학습은 생활 그 자체이며 일하는 과정과 떼려야 뗄 수 없는 핵심적인 활동입니다.

그렇게 우리는 우리 주변의 환경과 능동적이고 주도적으로 상호 작용을 하면서 우리에게 필요한 지식을 받아들이고 재창조하며 학습의 즐거움을 누리고 있습니다. 여기서 중요한 것은 능동적이고 주도적이라는 것이죠. 자기 스스로에게 필요한 것이 무엇인지 인지하고, 필요한 것을 학습하기 위한 적합한 수단을 선택하는 것이 우선 필요할 것입니다. 그리고 그것을 익혀 필요할 때 활용할 수 있는 것이 공자가 『논어』에서 말한 '학이시습지불역열호(學而時習之不亦說乎)'가 아닐까 생각해 봅니다.

저는 독서를 교육적인 수단으로 활용한다면 학습의 즐거움을 제대로 누릴 수 있을 거라 말합니다. 우선 책을 고르는 과정에서 본인에게 필요한 것을 알기 위해 스스로 성찰이 이루어질 것이고, 두 번째로 적합한 책의 선택 및 독서법으로 학습을 시작할 수 있기 때문입니다. 무엇보다 그것이 조직 내에서 나뿐만 아니라 다른 사람이 같은 내용을 읽은 후 알게 되고 느끼게 된 부분이 다름을 서로 나누게 된다면 학습의 폭이 더 확장되지 않을까요?

그러나 실제 현업에서 독서를 교육적인 수단으로 활용할 경우 그 과정이 능동적이고 주도적으로 이루어진다는 것은 매우 이상적인 이야기입니다. 결국 조직에서 원하는 역할과 성과를 이끌어 내기 위해 구성원들에게 학습을 요구하게 되기 때문이죠. 그러면 구성원들은 일과 학습을 분절적으로 인식하게 됩니다. 그렇게 개인 차원에서 일과 학습이 통합되는 모습 대신 조직 차원에서 요구하는 일 영역에서의 성과, 학습 영역에서의 육성으로 분리되는 것이지요.

그래서인지 요즘 적지 않은 기업에서 기존에 필독서를 통해 학습을 촉진하는 방식에 변화를 주고 있습니다. 필독서의 개수를 줄이고 구성원들이 자율적으로 책을 선택해서 학습할 수 있도록 하는 것이죠. 변화 이후 운영상 어떤 효과가 있는지 궁금하여 실제 '필독서+자율독서' 방식으로 독서를 활용하고 있는 기업의 담당자 몇 분을 만나봤습니다.

그들은 모두 '필독서+자율독서'로 독서경영을 운영하는 것이 필독서를 통해 운영했을 때보다 직원들에게 더 긍정적인 영향을 준다고 이야기를 합니다. 그러나 여전히 의도한 대로 구성원들이 능숙한 독자로 성장한다거나 학습의 즐거움을 느낀다거나 하지는 않는다고 입을 모아 말합니다. 그 이유가 무엇이라고 생각하는지 물었더니 다음과 같은 답을 합니다.

"책 읽는 건 단순히 글씨를 읽는 것과 달라서 자연스럽게 익혀지는 건 아닌 것 같아요. 그런데 따지고 보면 우린 글씨를 읽을 줄 알면 책 읽는 건 따로 안 배워도 된다고 생각하잖아요? 저는 책 읽는 방법이 미숙해서 재미를 못 느낀다고 생각해요."

"책을 통해 학습하는 즐거움을 느끼는 것은 그 경험이 여러 번 반복되어야 비로소 가능하다고 생각해요. 그런데 우리는 그 반복되는 과정에서 걸리는 시간을 기다려주지 못하잖아요. 저는 기다림의 부족이라고 생각합니다."

"저는 한○○에서 독서지도사 자격증을 땄어요. 그 자격증이 있다는 이유로 저희 회사에서 독서경영 전담 조직에 들어가게 되었죠. 그런데 발달 심리학 관점에서 독서지도를 배운지라 성인들에게 적용할 때는 솔직히 저도 제가 잘하고 있는지 모르겠어요."

"현재 20대는 어떨지 모르겠지만 30대 이상의 세대들은 여전히 학습을 주도적으로 이끄는 강사에게 직접 배우며 학습하는 것이 익숙한 것 같아요. 책을 취미로 읽는 건 좋아하지만 학습한다는 생각으로 읽으면 좀 안 읽히지 않나요?"

독서지도 과정

앞서 만나본 담당자들의 이야기를 통해 어떤 생각을 하셨나요?

독서지도 과정은 일반적으로 ①목표를 설정하고, ②내용을 선정 및 조직한 후에 ③적합한 도서를 선정하고, ④적절한 교수 학습 활동을 진행하면서 이루어집니다. 그것에 한 가지를 더하자면, ⑤활동의 평가까지 이루어지죠. 그러므로 본격적인 독서지도 활동 전에 교수 학습 모형뿐 아니라 수업의 절차와 원리를 이해하는 것이 필요합니다.

먼저 목표를 설정하는 단계를 생각해 보세요. 독서교육의 목표를 무엇으로 잡고 있나요? 기존 독서지도는 아동 및 청소년을 학습자로 생각하기 때문에 건전한 인격 형성에 초점이 맞추어져 있습니다. 즉, 어릴 때부터 계획성 있는 독서교육을 통하여 독서하는 습관을 길러주고 자주적인 판단력과 사고력을 키워줌으로써 바람직한 인격 형성이 이루어지도록 하려는 것이죠.

그렇다면 성인 학습자, 더 구체적으로 기업 내에 있는 구성원들을 학습자로 할 경우에는 독서교육의 목표를 어떻게 잡아야 할까요? 저는 책 읽는 방법이 미숙해서 재미를 느끼지 못한다고 말씀하셨던 담당자의 이야기가 떠오릅니다. 글을 읽고 쓸 수 있다고 해서, 학창 시절에 국어 교육을 받았다고 해서 독서를 올바르게 하고 있는지는 모를 일입니다. 그래서 저는 목표 설정을 위해서는 다음과 같은 단계가 필요하다고 생각합니다.

①구성원들의 현실적인 독서 생활 실태 파악: 독서를 활용한 학습은 개인 차원에서의 학습을 시작으로 합니다. 그렇기 때문에 구성원들의 독서 능력은 실제 어느 정도이고, 흥미를 갖고 있는 분야는 무엇인지 먼저 파악할 수 있어야 합니다. 또한 일상의 독서 활동은 어떻게 이루어지고 있고, 환경 조건은 어떠한지 등을 파악하는 것이 중요합니다.

②조직에서 독서를 통해 구성원들에게 기대하는 바를 명확하게 하기: 독서경영은 독서를 활용하여 더 나은 경영적 성과를 성취하는 일련의 활동을 통칭한다고 말씀드린 바 있습니다. 그러므로 우리 조직에서는 구성원들에게 무엇을 기대하고 있는지 명확하게 할 필요가 있습니다.

③실태와 기대하는 바를 비교하여 어떤 수준까지 도달 가능한지 단계별로 정할 것: 책을 통해 얻고자 하는 과정에서 걸리는 시간을 조직에서 잘 기다려주지 못한다는 담당자의 이야기는 한두 번의 시행착오를 겪은 게 아니라는 생각이 듭니다. 독서경영뿐만 아니라 어느 경영 기법도 한 번에 가시적인 성과를 가져오진 못합니다. 그렇다고 무작정 기다린다는 것도 말이 안 됩니다. 그러므로 우리 조직만의 현실적인 마일스톤(milestone)을 정할 것을 권합니다.

그렇게 목표 설정 단계를 거치고 나면 내용 선정 및 조직과 적합한 도서 선정 단계를 만나게 됩니다. 이때 내용 선정 및 조직 단계는 독립적인 단계라기보다는 교수 학습 모형과 수업의 절차 및 원리와 유기적으로 이루어져야 합니다. 그래야 더 효율적으로 지도가 이루어질 것이기 때문입니다.

독서 교수 학습 모형

우리가 독서교육론을 학습하는 이유는 조직 내의 구성원인 성인들의 독서지도를 이끌기 위함입니다. 그렇기 때문에 우리는 독서 행위에서 어떤 과정을 거쳐 의미가 구성되는지를 이해하는 독서 과정 모형(상향식, 하향식, 상호 작용식)보다는 독서 행위를 지도할 때 안내자(또는 교사)로서 활용할 수 있는 모형을 중심으로 이야기를 진행함을 먼저 밝히겠습니다.

본격적으로 학습 모형에 대해 이야기하기 전에 아동들의 발달 심리학 관점에서 독서지도를 배운지라 성인들에게 적용할 때 잘하고 있는지 모르겠다는 담당자의 이야기를 떠올려 보겠습니다. 성인을 위한 교수 학습 모형은 과연 존재하는 걸까요?

페다고지(pedagogy)와 안드라고지(Andragogy)는 교육의 대상에 중점을 둔 이분법적 입장입니다. 먼저 '아동의 학습을 도와주는 예술과 과학(the art and science of helping children learn)'으로 페다고지를 정의합니다. 주로 교사 중심 교육으로 전통적인 교사의 지식 전달 방식을 취하여 권위적이고 형식적이며 경쟁적인 분위기이기도 합니다. 이에 비해 안드라고지는 '성인의 학습을 도와주는 예술과 과학(the art and science of helping adults learn)'으로 정의하는 것만 보아도 이분법적 구분의 노력을 짐작할 수 있습니다. 여기서는 교수자가 지원자와 퍼실리테이터의 역할을 주로 하며, 학습자의 경험이 학습 자원으로서 가치가 있다고 봅니다.

그런데 이와 같은 이분법적 입장은 개인의 학습적 특성과 학습 방법을 생물학적인 연령에 따라 일반화하는 것은 무리가 있다는 비판을 받습니다. 다시 말해 아동과 성인의 구분 없이 개인의 성숙도나 학습적 특성에 따라 페다고지와 안드라고지를 선택적으로 적용할 수 있다는 것이죠. 그렇다면 페다고지와 안드라고지의 스펙트럼상 어느 지점에서 교육 대상자를 대하는 것이 좋을까요? 저는 우리가 앞으로 독서 교수 학습 모형을 활용할 때는 앞서 드린 이 질문이 유효할 것이라 봅니다.

먼저 페다고지 쪽 스펙트럼에 가까운 '현시적 교수법 (explicit instruction)'입니다.

현시적 교수법에서는 교사의 구체적인 안내를 강조하고 있습니다. 그런 다음 교사의 안내를 받아 학습자가 연습을 하게 하고 점진적으로 자기 스스로 학습할 수 있도록 하는 것이지요. 이 교수법의 특징은 세 가지로 요약[2]할 수 있습니다. 첫째, 교사는 단순히 어떤 기능이나 전략이 있다고 소개할 뿐만 아니라 그것이 무엇이며, 왜 필요하며, 언제, 어떻게 사용하는지를 시범을 통해 보여주거나 직접 설명해 줍니다. 둘째, 학습자 혼자서 그 기능이나 전략을 익히기 위한 연습을 하게 하는 것이 아니라 교사가 안내해 주고 적절한 피드백을 주면서 점진적으로 자기 스스로 학습해 나가게 합니다. 셋째, 교사는 단순히 학습자의 성취 정도를 평가하는 것이 아니라 다른 읽기 상황에서 그들이 배운 전략을 사용하게 하는 데 좀 더 많은 관심을 갖습니다.

---

2 Pearson, P. D. & Gallagher, M. C., 「The instruction of reading comprehension」, Contemporary Educational Psychology, 1983

이러한 특징을 지닌 현시적 교수법은 총 5단계로 이루어 지는데 각각의 내용은 다음과 같습니다.

절차	주요 교수 학습 활동
시범 보이기	· 동기 유발 · 학습 목표 확인 · 교사의 시범 보이기
교사 유도 활동	· 적용 방법 탐색 및 연습 · 교사의 피드백
강화	· 자세한 설명 · 학습자의 이해 여부 확인
독립 활동	· 학습 자료를 통한 이해 여부 확인 · 미이해 경우 재강화
적용	· 학습자 주도 연습 활동 단계

이렇듯 현시적 교수법은 교사가 어떤 방법을 구체적으로 보여주는 것으로, 독서하는 방법에 대해 경험이 부족하거나 미숙한 학습자를 대상으로 활용하기에 매우 유용합니다. 또한 처음에는 교사가 구체적으로 학습 과정을 보여주고 점차적으로 학습자 스스로 학습을 해 나갈 수 있도록 하는 것이 매우 중요합니다. 그리고 무엇보다 학습자 스스로 학습을 해 나가는 과정에 있어서 다양한 학습 자료를 통해 이해 여부를

북택트: BOOKTACT

확인하고 재강화하며, 피드백한다는 점에서 교사의 역량이 매우 중요한 교수법이라 할 수 있습니다.

또 다른 학습모형인 '사고중심 읽기 모형(DRTA, Directed Reading-Thinking Activity)'은 현시적 교수법에 비해 안드라고지 스펙트럼으로 조금 더 이동한 것입니다. 사고중심 읽기 모형은 특히 비판적이고도 반성적으로 글을 읽을 수 있는 능력을 신장하기 위해 구안된 모형입니다. 학습자가 읽을거리와 내용을 선정하여 그것을 읽으면서 결말을 예상하고 그 결말이 맞는가를 교사와 함께 점검하며 사고하도록 용기를 북돋아주는 과정을 중심으로 이루어집니다. 그래서 글을 읽는 목적을 학습자가 스스로 결정하고 자신의 이해 과정을 점검하는 모형이라 할 수 있지요. 사고중심 읽기 모형은 다음과 같은 단계[3]로 이루어집니다.

---

3   최미숙, 원진숙, 정혜승, 김봉순, 이경화, 전은주, 「국어 교육의 이해」, 사회평론아카데미, 2016

절차	주요 교수 학습 활동
읽는 목적을 설정하거나 확인	· 학습자 스스로 또는 교사와 학습자 간의 상호 작용으로 읽기의 목적을 설정한다. *이때 경험이나 배경지식 등을 활용한다.
읽는 목적이나 자료의 성격에 맞게 조절하며 읽도록 지도	· 설정한 목적에 따라 적절한 읽기 방법을 구상하여 자료의 특질에 맞게 읽도록 지도한다. · 읽기 속도를 조절하고, 자기 관찰(초인지)을 하며, 여러 전략을 생각하도록 강조한다.
읽는 상황 관찰	· 자료의 성격이나 목적에 맞게 알맞은 방법으로 읽는지 교사가 관찰한다.
독해 지도하기	· 독해 여부를 확인하고, 예측한 내용이나 설정한 목적이 적절했는지 질의응답하며 평가한다.
중요한 기능 지도	· 글을 읽을 때 중요하게 작용한 기능이나 전략을 지도한다. *직접 교수법을 이용한 읽기 기능 지도

이와 같이 사고중심 읽기 모형은 첫 번째 과정에서부터 경험이나 배경지식을 활용한 것을 보더라도 학습자의 활동을 좀 더 상세하게 제시한 것으로 이해할 수 있을 겁니다. 그러므로 읽기 목적을 바탕으로 한 읽기 자료의 평가, 판단의 유보 및 의사결정 등에 관한 능력의 신장에 중점을 둘 경우 활용하면 유용할 것이라 생각합니다.

끝으로 볼 모형은 가장 전통적이며 대표적인 읽기 지도 방법 중의 하나인 SQ3R 모형입니다. SQ3R은 5단계로 이루어지며, 각 단계의 첫 글자를 따서 부르는 말입니다. 책의 전체 주제나 소주제를 의문문으로 바꾸고 그에 대한 해답을 찾는 식으로 독서가 이루어지는 것이 핵심이며, 그렇기 때문에 자기 주도 학습력을 신장시키기 위한 읽기 모형이라 평가합니다. SQ3R의 단계별 내용은 다음과 같습니다.

절차	주요 교수 학습 활동
Survey(개요 만들기)	· 본격적으로 읽기 전에 내용을 먼저 훑어본다. *책의 제목, 머리말, 소제목, 목차, 저자 등
Question(질문하기)	· 훑어본 내용을 바탕으로 책과 관련된 질문을 만들어 본다.
Reading(읽기)	· 밑줄 긋기 전략을 활용하여 적극적으로 읽는다. · 겉으로 드러나지 않은 글 속에 숨은 의미를 파악해 본다.
Recite(노트하기)	· 지금까지 읽은 내용들 중에서 중요하다고 생각되는 핵심 내용을 정리해 본다. · 일반적인 것에서 구체적인 것으로, 간단한 것에서 복잡한 순으로 자신의 단어를 이용하여 메모해 본다.
Review(요약하기)	· 세부 사항을 요약해 본다. · 글 내용을 완전히 이해했다는 생각이 들면 간단한 비평을 해본다.

저는 이 모형에서 중요한 단계로 '질문하기'를 꼽습니다. 제목과 목차와 관련된 질문을 해봄으로써 내용에 흥미를 갖

고 집중을 할 수 있기 때문입니다. 또한 무엇보다 질문을 스스로 해봄으로써 학습자는 자신의 배경지식을 적극 활용하면서 글 내용을 능동적으로 탐색할 수 있을 것입니다. 그러므로 이 단계에서 교사는 학습자가 좋은 질문을 만들어 낼 수 있도록 신경 써서 퍼실리테이팅해 주어야 할 것입니다. 저는 개인적으로 학습을 촉진하고 도와주는 단계에서 입버릇처럼 이런 말을 합니다.

"좋은 질문이 좋은 답을 이끌어 낸다."

이런 질문을 바탕으로 능동적인 독자가 된 학습자는 책 속의 내용을 더욱 효과적으로 기억하고 공부할 수 있습니다. 그렇기 때문에 SQ3R은 주로 내용교과적인 글 읽기에 쓰여 왔으며, 글의 내용을 몰입하여 읽고 학습할 수 있도록 이끄는 지도 방법이라 할 수 있지요.

우리가 독서를 통한 학습을 내용교과적인 책을 통해 꾀하고자 한다면 SQ3R 모형은 유용한 도구가 되어줄 것이라 생각합니다.

독서 교수 학습 모형의 한계

앞서 살펴본 세 가지 대표적인 독서 교수 학습 모형은 텍스트로부터 의미를 구성하는 능동적인 문제 해결 과정에 큰 도움이 되고 있습니다. 그런 능동적인 과정을 시작으로 학습자들은 텍스트와 상호 작용을 이어가고 더 나아가서는 자신이 보유하고 있는 구조화된 지식, 즉 스키마를 적극적으로 활용할 수 있게 될 것입니다. 그런데 우리가 경영 기법으로 활용하고자 하는 독서경영은 사적 영역이 아닌 공적 영역입니다. 그러므로 개인적으로 능동적이고 흥미와 관심이 있는 독자들이 새로운 가치관을 형성하고 삶에 적용할 수 있도록 창의적으로 해석하고 적용해 보는 단계를 독려할 수 있어야 합니다.

그러나 '모형'이라는 말에서 드러나듯이 각각 정형화된 역할을 지니고 있습니다. 그래서 교사는 정형화된 지식의 전달자 역할에 머물게 되고, 학습자는 창의적 사고력 및 문제 해결력을 발휘하기 어렵게 될 가능성이 커지는 것이죠. 이에 우리는 조직 내 구성원들의 창의적 학습 능력을 신장하기 위해 교사의 교수 학습 양식을 유연하게 할 필요가 있습니다.

Paris & Jacobs(1984)에 따르면 독서지도의 과정에서 중요한 기능을 하는 교사의 교수 학습 양식에는 ①계획하기, ②동기 부여하기, ③정보 공유하기, ④학습자의 이해 정도 심화하기 등이 있다고 합니다.

유연하게 교수 학습 양식을 바꾸어 가기 위해, 첫 번째로 계획하기에서는 전통적인 교사의 역할을 뒤집을 필요가 있습니다. 학습 모형이 정형화의 함정에 빠지는 것은 교사가 과거의 정형화된 역할에 머물면서이기 때문이죠. 기존의 계획하기는 무엇에서부터 시작했을까요? 바로 계획이 학습자와 학습을 진행하기 이전에 완결되어야 하는 것으로 인식되면서부터입니다. 그렇기 때문에 교사가 미리 의도하거나 계획했던 의미 이외에는 전달되기 어려웠던 거죠. 물론 그렇게 학습이 진행될 경우에는 학습의 과정이 전반적으로 안정적인 느낌을 줍니다. 명확하게 학습자에게 주고자 하는 바도 뚜렷하고요.

그러나 창의적인 학습 능력 신장을 위해서는 학습자의 반응과 조정에 부응할 필요가 있습니다. 끊임없이 상호 작용하면서 교사가 세웠던 최초의 계획을 적절하게 수정할 수 있어야 하는 것이죠. 그렇게 교사의 머릿속에는 학습자에게 전달하고자 하는 정형화된 메시지가 아니라 학습자의 능력을 신장시키기 위한 유동적인 마인드셋이 필요합니다.

두 번째로 동기 부여하기에서는 학습자의 내적 동기를 자극해 줄 필요가 있습니다. 학습자가 창의적 사고를 발휘하는 노력을 어느 정도 기울일 것인지는 결국 동기에 의해 결정될 것이기 때문입니다. 동기가 강할수록 노력의 강도와 학습에 투자하는 시간이 많아질 것이라는 건 쉽게 추측할 수 있겠죠.

내적 동기란 학습자의 호기심, 흥미, 욕구, 만족감, 자기 효능감, 긍정적 자아 개념과 같은 내부적 요인에 의존하는 동기를 말합니다. 그래서 학습자는 내부적으로 동기가 일어났을 때 자발적으로 더 몰입을 할 수 있는 것이죠. 발러랜드는 내적 동기를 다음의 세 가지로 분류할 수 있다고 가정합니다.[4]

---

4   조현철, 「학습 동기의 학습 활동과의 관련-자기 결정 이론을 중심으로」, 교과 교육연구, 1999

① 지식에 대한 내적 동기(유용성): 언제 어떻게 활용될 수 있는지 명시적으로 제시해 줄 수 있을 때 더 증대된다.

② 성취에 대한 내적 동기(성취감)

- 비고츠키(Vygotsky)의 인지발달 이론에 의해 현재 수준보다 조금 어려운 영역의 과업을 제시해 줄 때 더 발달한다.

- 학습자들이 학습에 대한 자기 조정 능력을 기를 수 있도록 교사가 도와주어야 한다.

③ 자극 경험에 대한 내적 동기(즐거움): 감각적 즐거움이나 심미적 즐거움을 얻을 수 있도록 한다.

다음으로 정보 공유하기는 독서지도 과정에서 학습자들의 구조화된 지식을 확충하기 위해 꼭 필요한 활동입니다. 그러나 이 과정에서 앞서 모형에서 제시하고 있는 단계에서만 교사가 활동을 독려하는 것은 지양해야 할 태도입니다. 학습자들의 구조화된 지식은 받아들이는 정보에 따라 시시각각 변할 수 있습니다. 그렇기 때문에 교사는 사전에 학습자의 사전 지식을 확인하고, 잘못된 구조화된 지식을 적극적으로 교정해줄 수 있어야 합니다. 그렇게 함으로써 학습자들은 전 단계에 걸쳐 의미 구성 전략에 관한 자기 나름대로의 과정을 겪을 수 있을 겁니다.

그러므로 무엇보다 정보 공유 과정은 명시적으로 이루어지는 것이 가장 중요합니다. 그래야 학습자가 어떻게 의미를 구성하고 받아들이고 있는지 확인할 수 있을 뿐 아니라 교사도 구체적인 피드백을 제공할 수 있기 때문입니다. 또한 학습자와의 상호 작용 과정에서 유연하게 대응함으로써 개인의 영역을 넘어선 학습을 촉진할 수 있습니다.

마지막으로 학습자의 이해 정도 심화하기를 위해서, 교사는 학습자로 하여금 자신의 독서 전략을 적절하게 조정하고 중재할 수 있도록 도와주어야 합니다. 이를 위해 앞부분에서 잠시 미뤄두었던 어떤 과정을 거쳐 의미가 구성되는지를 이해하는 독서 과정 모형에 대한 이야기를 해보겠습니다.

독서 과정 모형은 철학적 인식론이 교육 인식론에 영향을 미치면서 영향을 받게 됩니다. 객관주의 입장을 지지하는 텍스트 지향 독해의 입장에서는 상향식 독해 모형을, 독자의 의미 구성을 강조하는 인지구성주의는 하향식 독해 모형을, 사회구성주의의 영향을 받은 사회 맥락 지향 독해는 맥락 중심 독해 모형이 강조가 된 것이지요. 어느 쪽도 최선의 전략은 존재하지 않습니다. 단지 교사가 독해 전략을 적절하게 조정하고 중재할 수 있도록 도와주어야 하는 것이죠. 그래서 우리는 독서 과정 모형에 대해서도 알아 둘 필요가 있습니다.

객관주의 입장에서 지식은 정적이고 고정불변한 존재입니다. 그렇기 때문에 지식은 발견되는 것이라는 입장이죠. 그래서 그 영향을 받은 상향식 독해 모형은 정보 처리 관점의 읽기 모형이라는 특징이 있습니다. 문자 기호를 정확하게 해독할 때 텍스트의 의미가 자동적으로 형성된다고 생각을 하는 것이죠. 그러므로 상향식 독해 모형은 글 내용에 충실할 수 있다는 장점이 있지만, 독자는 글 내용에만 충실하기 때문에 소극적인 존재가 된다는 단점이 있습니다. 독서교육 현장에서 활용하게 된다면 페다고지에 가까운 스펙트럼으로 접근할 경우 유용한 모형이라 평가할 수 있습니다.

인지구성주의 입장에서 지식의 특성은 객관주의와 다르

게 변화 가능하다고 바라봅니다. 그래서 지식은 생성되는 것이며, 앎은 주관적으로 이루어지는 것이라 말합니다. 그 영향을 받은 독해 모형은 하향식 독해 모형으로 글 내용과 관련되는 독자의 배경지식을 중시하며, 독자의 배경지식이 많으면 많을수록 텍스트에 대해 잘 이해할 수 있다고 보는 관점입니다. 읽기 과정에서 의미 재생산자로서의 독자의 역할을 강조하기 때문에 상향식 독해와 다르게 독자가 능동적인 참여자가 될 수 있다는 장점은 분명 존재합니다. 그러나 자료 해석 과정에서 오해 발생의 여지가 존재한다는 단점이 있지요. 그러다 보니 독서교육 현장에서 활용을 하게 된다면 온전하게 하향식 독해로만 활용하기에는 어려움이 많을 것이라 생각합니다. 개인적인 독서라면 모르겠지만 경영에 활용하기 위한 독서에서 의미의 오해는 가급적 줄여야 하기 때문입니다.

상향식 독해와 하향식 독해의 절충 모형으로 상호 작용 독해 모형이 있는데, 이는 실제 독서교육 현장에서 가장 많이 활용되는 모형 중 하나입니다. 내용을 파악함에 있어 독자의 배경지식과 글 내용에 비추어 전체적인 의미를 파악하기도 하고, 배경지식의 확인을 위해 글에 담긴 내용에 대한 해독도 반복하는 모형입니다. 그러나 활용을 하다 보면 어느 지점에서 상향식 독해 요소를 더 강조해야 할지, 언제 하향식 독해 요소를 더 강조해야 할지 판단하는 교사의 역량에 의해 크게 결과물이 달라지는 경우도 존재합니다.

독서 과정 모형의 마지막으로 맥락 중심 독해 모형이 있는데, 이는 사회구성주의의 영향을 받았습니다. 사회구성주의에서 바라보는 지식의 특성은 담화 공동체 구성원들의 의식 속에 존재하며 사회적 대화, 즉 합의를 통해 만들어진다고 합니다. 그러다 보니 읽기 행위의 주체 단위에 따라 의미 구성의 주체가 달라진다는 특성이 있습니다. 일반적인 독서지도 현장에서는 잘 쓰이지 않으나, 지식이 담화 공동체 구성원들에 의해서 생성된다는 관점은 경영 현장에서 유용하게 활용될 수 있을 것 같다는 생각을 해봅니다.

개인과 조직의 동반 성장을 위한 과제

독서경영을 연구하고 컨설팅하는 일을 한다고 하면 의외의 질문을 받습니다.

"대상이 누구예요?"

그래서 제가 "경영이니까⋯." 하면서 말끝을 흐리면 민망해하며 수긍을 하십니다. 처음 몇 번은 그냥 그러려니 했는데 몇 년간 반복되다 보니 문득 이런 생각이 듭니다.

'독서가 갖는 이미지가 강한가?'

그러다가 이 책을 쓰기 위해 인터넷 검색을 하면서 새삼 알게 되었습니다. 현재 독서경영이라는 이름으로 외부 교육기관 등에서 행해지는 프로그램이 지나치게 독서 행위에 치중되어 있으며, 그 대상이 고등학생부터 취준생, 성인, 직장인까지 다양하다는 것을. 놀라운 것은 프로그램별로 하나씩 봤을 때는 모델링부터 전달하는 내용까지 매우 훌륭하다는 점입니다.

여전히 우리나라에서 독서경영을 도입한 기업들은 지식경영의 틀에서 벗어나지 못합니다. 그래서 어떻게 하면 직원들이 자발적으로 책을 읽을지, 어떻게 하면 더 수준 높은 지식과 정보를 축적하고 공유할지 고민합니다. 그러다 보니 학습 조직 구축이나 현업 적용점을 도출해 내는 토론회 운영에 대한 방법론을 고민하게 되는 겁니다. 그러니까 외부 교육기관에서 잘 설계해놓은 독서 관련 프로그램들이 유용하게 활용되는 거겠죠. 외부 교육기관의 독서 프로그램은 독서의 효용성에 대해서도 잘 활용할 수 있도록 만들어져 있습니다. 심지어 기업 내에서 어떤 이슈가 있다고 하면 그것과 관련해서 유의미한 정보를 얻을 수 있도록 도서 선정도 해주고, 내용도 잘 요약해서 제공합니다. 이제는 조직 내부에 독서 전문가를 키워서 그들이 외부 교육기관에서 하는 역할을 충분히 해내기도 합니다.

그런데 독서경영을 통해 여러분의 조직에서 진짜 얻고자 하는 건 무엇입니까? 독서경영을 도입한다고 했는데 독서 활동을 잘했으니 의도한 만큼 해낸 겁니까? 경영적인 수단으로 활용을 해보려고 했는데 독서를 통해 현업 적용점이 꾸준히 나오고 있으니까 잘하고 있는 겁니까? 자율성을 부여했는데 직원들의 책 읽는 수가 늘어나고 있으니까 잘하고 있다고 하실 겁니까?

많은 기업의 독서경영 비전에 '성장'이라는 단어가 있고, 실제 담당자들도 '성장'이라고 답을 합니다. 그 성장은 누구의 성장입니까? 구성원 개인과 조직이 함께 성장하는 것이라 답을 하시겠죠. 그렇다면 개인과 조직은 각각 어떻게 성장해야 함께 성장한 모습일까요?

먼저 조직이 성장한 모습은 경영의 목적을 잘 이행한 상태일 겁니다. 이에 대해 미국의 경영학자 피터 드러커(Peter

Ferdinand Drucker)는 "경영의 목적은 제품과 서비스를 자발적으로 자신의 돈으로 교환할 의사를 가진 고객 창조"라고 했습니다. 그러한 경영의 목적을 잘 이루었다면 아마 이익 증대라는 결과가 나왔을 겁니다. 그렇게 되면 개인의 입장에서도 해당 조직 내에서 펼칠 수 있는 역량의 범위라든지 업무의 범위가 넓어지고, 누릴 수 있는 보상의 범위도 커진다는 장점이 있습니다.

다음으로 개인이 성장한 모습은 무엇일까요? 미국의 발달심리학자 로버트 키건(Kegan, Robert) 교수와 리사 라스코 라히(Lisa Laskow Lahey) 박사는 성인의 성장에는 세 가지 단계가 있고, 각 단계에서 개인이 조직 내에서 할 수 있는 역할이 다르다고 말합니다. 첫 번째는 사회화된 마음(Socialized Mind), 두 번째 단계는 자기 주도적 마음(Self-authoring mind), 세 번째는 자기 변용의 마음(Self-transforming mind)입니다. 그리고 조직 내 개인은 시간이 흐르면서 아래 단계를 거쳐 서서히 위 단계로 성장 과정을 겪는다고 말합니다. 사회화된 마음을 갖고 있는 사람은 다른 사람을 생각하면서 일할 수 있는 사람이며, 자기 주도적 마음을 갖고 있는 사람은 누군가의 요구가 아니라 자신이 목표를 주도하는 사람입니다. 끝으로 자기 변용의 마음을 가진 사람은 본인뿐만 아니라 사람들이 스스로 배우고 성장하도록 만들 수 있는 사람입니다. 그렇게 단계별로 개인이 성장을 하는 과정에서 조직은 다양한 구성원들이 상호 작용을 통해 만들어 내는 지속 발전의 힘을 얻을 수 있다는 이득이 있습니다.

그런데 사회화된 마음을 갖고 있는 사람들에게 자기 주도적인 마음으로 성장하는 단계를 차단하고 조직에서 지향하는 성과만을 요구하고 설득한다면 어떻게 될까요? 결국 자기 주도성을 잃고 수동적인 구성원이 되는 겁니다. 그리고 나중에 경영진 중 누군가가 이런 말을 하죠. "일 할 사람이 없다."

로버트 키건(Kegan, Robert) 교수와 리사 라스코 라히(Lisa Laskow Lahey) 박사의 연구에 따르면 자기 변용의 마음을 가진 성인은 매우 드물다고 합니다. 자기 주도적 마음을 지닌 단계까지 성장하면 성공적이라 하더군요. 그런데 자기 변용의 마음에 대한 서술 내용을 어디서 많이 보신 것 같지 않나요? 네, 맞습니다. 우리가 독서경영을 통해 목적하는 바와 같습니다.

그래서 결론적으로 저는 개인과 조직의 동반 성장이라는 건 그리 이상적인 영역이 아니라고 말씀드리고 싶습니다. 끝으로 북택트를 성공적으로 실현하기 위해 꼭 기억해야 할 메시지를 남기며 이 책을 마치겠습니다.

"독서경영을 잘하기 위해 설득하거나 강요하지 말고, 독서경영의 목적에 맞는 문화를 만들어 보시기 바랍니다."

북택트

기업을 숨 쉬게 하는 기술

초판 1쇄 발행 2020년 11월 25일
초판 2쇄 발행 2020년 11월 30일

지은이 김범석
펴낸이 김기용 김상현

편집 전수현   **디자인** 이현진
마케팅 박혜진 염시종 최의범

펴낸곳 필름(Feelm) 출판사
등록번호 제2019-000086호   **등록일자** 2016년 6월 13일
주소 서울시 마포구 월드컵북로5가길 31, 2층 (서교동 447-9)
전화 070-8810-6304   **팩스** 070-7614-8226
이메일 office@feelmgroup.com

필름출판사 '우리의 이야기는 영화다'

우리는 작가의 문체와 색을 온전하게 담아낼 수 있는 방법을 고민하며 책을 펴내고 있습니다.
스쳐가는 일상을 기록하는 당신의 시선 그리고 시선 속 삶의 풍경을 책에 상영하고 싶습니다.

홈페이지 feelmgroup.com   **인스타그램** instagram.com/feelmbook

ISBN 979-11-88469-66-6 (03320)